KB049616

버트런드 러셀의 삶과 철학

버트런드 러셀의 삶과 철학

박병철 지음

서광사

버트런드 러셀의 삶과 철학

박병철 지음

펴낸이—김신혁, 이숙
펴낸곳—서광사
출판등록일—1977. 6. 30.
출판등록번호—제 6-0017호

(413-832) 경기도 파주시 교하읍 문발리 534-1
대표전화 · (031)955-4331 / 팩시밀리 · (031)955-4336
E-mail · phil6161@chol.com
http://www.seokwangsa.co.kr

ⓒ 서광사, 2006

지은이와의 합의하에 인지는 생략합니다.

제1판 제1쇄 펴낸날 · 2006년 1월 30일

ISBN 89-306-1916-9 93160

책머리에

　예나 지금이나 철학자라면 책 속에 파묻혀 심오한 사색을 즐기며 그 결과를 강단에서 설파하는 다소간 현실과 동떨어진 삶을 살아가는 사람이라는 선입관을 가지게 마련이다. 버트런드 러셀 역시 책 속에 파묻혔으며, 심오한 사색을 즐겼으며, 그 결과를 강의와 저술을 통해서 설파한 인물 중의 하나다.

　그 결과 러셀은 무어(G. E. Moore)와 더불어 20세기 영미철학의 선구자가 되었으며, 프레게와 더불어 새로운 논리학의 창시자로 여겨지고 있다. 그러나 그는 격동하는 20세기의 상당 부분을 살았던 지성으로 자신의 학문 내의 활동에 만족하지 않고 현실 문제에 지대한 관심을 가지고 때로는 대중적 에세이로 때로는 대안 교육자로서 때로는 반전운동가로서 사람들의 삶의 조건을 바꾸려고 노력한 인물이다.

　이처럼 20세기 철학에서 중요한 위치를 차지하고 있음에도 불구하고 국내에서는 러셀이란 인물에 대한 연구서가 전무한 실정이다. 비록 러셀의 여러 저작이 우리말로 번역되었고 그의 철학을 소개하는 훌륭한 입문서들 역시 번역되어 있으나, 철학에 갓 입문한 학부생들이나 영미철학에 호기심을 느끼는 철학도들의 다양한 지적 욕구를 충족시켜 줄 만한 책들은 흔치 않은 실정이다.

이 책은 그러한 잠재적 독자들의 욕구를 조금이나마 충족시켜 주기 위한 의도에서 씌어졌다. 저자는 철학에 대한 사전 지식이 없이 이해가 가능한 교양 수준의 입문서를 쓴다는 생각으로 이 책을 준비했다. 그래서 제1장에서는 인간 러셀의 생애를 비교적 자세히 다루었고, 나머지 부분에서는 그의 철학적 업적 중에서 중요한 부분들을 알기 쉽게 정리하려고 노력했다.

그러한 노력이 의도만큼 얼마나 쉽게 읽혀질 수 있게 문자화되었는지는 역시 강단의 철학자인 저자로서는 가늠하기 어렵다. 다만 이 책이 독자들로 하여금 철학이란 어려운 것, 특히 20세기 영미철학은 현실적 관심과는 너무 동떨어진 것이라는 선입관에서 조금이나마 자유로워질 수 있게 해주기를 기대해 본다.

결코 두툼하지 않은 이 책의 첫 글자를 쓴 지 무려 만 4년 가까이 지났다. 저자의 게으름 탓이 크겠지만, 이 책이 세상 빛을 보기까지 여러 어려움이 있었다. 흔쾌히 출판 요청을 수락해 주신 서광사 가족 여러분께 진심으로 감사의 마음을 전한다. 또 늘 바쁜 와중에도 곁에서 격려해 주고 마음으로 응원을 아끼지 않는 아내에게도 이렇게 글로나마 고마움의 인사를 대신한다.

2005년 12월
박 병 철

차 례

제5장 윤리학

제6장 종교철학

제 1 장
러셀의 생애

1. 명문가의 외로운 소년 버티

아직 자동차도 발명되기 전의 이야기이다. 1872년 5월 18일 영국의 휘그 귀족의 명망가에서 한 아기가 태어났다. 엠벌리 경이라고 불린 그의 아버지는 진보적 정치인이었고, 그의 할아버지는 빅토리아 여왕 치하에서 두 차례나 총리를 지낸 러셀 백작 1세였다. 이러한 훌륭한 혈통을 이을 아기에게 버트런드 러셀(Bertrand Arthur William Russell)이라는 이름이 붙여졌다.

버티(Bertie)라는 애칭으로 불린 이 아기에게는 7살 연상의 형 프랭크와 3살 위의 누이 레이첼이 있었지만, 레이첼은 러셀이 태어난 지 2년 뒤 디프테리아로 어머니와 함께 세상을 떠났다. 겨우 두 살 때 어머니를 잃은 버티는 얼마 지나지 않아 상심 속에 삶을 이어가던 아버지마저 잃게 된다. 생애의 첫 몇 년이라는 짧은 시간 동안 양친과 누이를 모두 잃은 버티는 형 프랭크와 함께 그가 태어난 40에이커에 달하는 라벤스크로프트 저택을 나와 여왕이 그의 조부에게 하사한 또 다른 저택 펨브로크 로지로 들어감으로써 그의 나머지 90여 년 삶의 여정에 새롭게 눈뜨게 된다.

청교도적 신앙심과 엄격한 도덕 관념으로 무장된 할머니에 의해 키워진 버티는 그러한 할머니의 방식에 반항적으로 대응한 프랭크와 달리 순종적인 아이로 자라났지만, 펨브로크 로지에서의 삶에 만족하거나 행복해 하지는 않았다. 어려서 부모의 사랑을 받지 못한 버티는 근본적으로 외로운 아이였던 것이다. 그는 《자서전》의 첫 면에서 자신이 살면서 세 가지 정열을 추구해 왔는데, 학자로서의 지식에 대한 추구와 고통받는 인류에 대한 연민 외에 첫 번째로 꼽은 것이 사랑에 대한 갈망이었다고 쓰고 있다. 결코 짧다고 할 수 없는 98년간의 삶을 통해 그가 겪은 수많은 여성 편력은 그의 외로움에서 왔다고 볼 수 있는데, 바로 그 뿌리는 그의 어린 시절에서 찾아진다.

젊어서 세상을 떠나긴 했지만, 버티의 부모는 당시의 시대상에서 볼 때 매우 진보적인 인물들이었다. 아버지는 역시 진보적인 지식인이었던 존 스튜어트 밀(J. S. Mill)에게서 배웠으며, 그의 영향으로 종교로부터 자유로운 사상, 피임, 여성 참정권 등을 지지하기도 했다. 버티가 태어나자 밀을 그의 대부로 삼지만, 얼마 지나지 않아 밀이 세상을 떠나는 바람에 버티와 밀 사이에 직접적인 교류는 이루어지지 않았다.

버티의 어머니 케이트 역시 그의 남편과 더불어 자유로운 성격의 소유자였던 것 같다. 그들은 첫째 아들인 프랭크를 위하여 스팔딩(D. A. Spalding)이라는 가정교사를 채용하는데, 그는 과학적으로 세련된 심성의 소유자였으나 결핵으로 결혼을 하거나 아이를 가질 수 없는 상황이었다. 그 때문에 그가 독신으로 보내는 것은 정당하지 못하다고 생각한 케이트는 남편 엠벌리 경과의 동의하에 스팔딩과 잠자리를 같이 했던 것으로 전해진다. 케이트에 이어 버티의 아버지마저 세상을 떠나게 되면서 그는 두 자녀의 양육권을 스팔딩과 또다른 지인에게 넘긴다는 유언을 남기지만, 나중에 케이트의 외도를 알게 된 버티의 할머니는 충격을 받고 프랭크와 버티를 스팔딩의 손에서 펨브로크 로지로 데려오게 된다.

버티의 할머니는 신앙심이 독실했을 뿐 아니라 독일어와 이탈리아어 등 외국어에 능통했고 문학에도 조예가 깊은 인물이었다. 대대로 공직에 봉사해 온 집안 전통에 따라 그녀가 맡아 키운 두 손자 역시 공직에 진출하게 될 것을 기대했지만, 프랭크의 반항적인 성향은 자연히 그녀의 눈을 버티에 대한 관심과 기대로 돌리게 하였다. 하지만 할머니의 엄격성은 버티를 수줍고 융통성 없는 아이로 만들기에 충분했다. 11세부터 16세까지 버티는 가정교사에 의해 교육받는데, 할머니는 버티가 가정교사에게 사적이고 감정적인 애착을 보이게 되면 해고하고 새로운 가정교사를 채용하곤 했다. 그러한 감정적 교류가 어린 버티에게 나쁜 영향을 미칠 것을 두려워했기 때문이다. 결국 버티는 이미 어려서부터 모든 것을 자신의 내면에 간직하면서 깊은 속을 드러내지 않는 외롭고 고독한 인간으로 성장하게 되었다.

그러나 이 외로운 영혼에게 놀라운 수학적 재능이 있음은 이미 어려서 감지된다. 11살 때 형으로부터 유클리드 기하학을 배우면서 버티는 다음과 같이 말했다.

　　이것은 나의 인생에서 첫사랑처럼 눈부신 가장 큰 사건 중의 하나였다. 나는 세상에 그렇게 즐거운 것이 있으리라고는 상상하지 못했었다. 내가 다섯 번째 명제를 배운 뒤 형은 내게 그것이 일반적으로 어려운 것으로 여겨진다고 말했지만 나는 어떤 어려움도 느끼지 못했다. 이로써 나는 처음으로 내가 어쩌면 모종의 지적 능력을 지녔을지도 모른다는 것을 알게 되었다.(*Autobiography*, 37-8)

　훗날 자신이 11세 때 가졌던 수학적 경험에 대해 이처럼 생생하게 되새길 수 있을 정도로 어린 버티에게 수학이 의미하는 바는 컸던 것 같다. 물론 그는 수학 외에도 다양한 외국어와 역사를 가정교사로부터 배웠지만, 1890년에 수학을 공부하기 위해 케임브리지 대학에 등록한다. 장학생 선발 시험답안을 읽은 수학과의 화이트헤드는 버티의 답안이 최상의 것은 아니었지만 그에게서 다른 어떤 응시자들보다 수학적 재능이 있음을 발견하고 장학생으로 선발하였다.

2. 대학생활과 첫사랑

　대학에 들어간 러셀은 이제 할머니의 간섭으로부터 어느 정도 자유롭게 되었음을 다행으로 생각한다. 그는 수학을 전공했지만 당시 케임브리지 대학에서 가르치는 수학을 만족스럽게 여기지는 못했다. 그의 주된 관심은 수학의 기초에 관한 것이었는데, 당시 독일에서는 그 분야에 대한 연구가 활발히 진행된 반면 케임브리지의 경향은 그렇지 못했기 때문에 수학 자체보다는 철학으로 관심을 돌리게 된다.

　뒤에 러셀의 성숙한 철학에서 보여지듯이 아마도 학부생 러셀의 주요 관심은 수학이 확실한 지식을 제공할 수 있다는 생각이었던 것 같다. 물론 그러한 생각은 수학의 증명이 지닌 엄밀성에 기초해서 자연세계는 물론 인간에 대해서도 확실한 지식을 추구할 수 있다는 것이다. 《나의 철학적 발전(*My Philosophical Development*)》(21면)에서 그는 다분히 아마추어적이긴 하지만 자신의 첫 철학적 물음은 15세에 시작되었다고 밝히고 있다. 그 때의 주된 물음은 신의 존재와 같이 종교적 동기를 가진 것이었지만, 그러한 추상적 물음들이 그에게 확실한 지식을 제공하지 못한 반면 수학의 명증성은 그에게 만족을 주었던 것이다. 대학에서 자연스럽게 철학 서적으로 관심을 돌린 러셀은 플라톤에서 시작하여 서양철학의 고전을 섭렵하게 되고 정작 수학과 졸업 시험에서는 그리 좋은 성적을 올리지 못한다.

　수줍고 외로운 어린 시절에서 벗어난 러셀은 대학에서 다양한 친구들과 사귀면서 지적인 논쟁을 즐기는 학생이 된다. 특히 케임브리지의 비밀결사조직인 ‘사도들(the Apostles)’의 멤버가 되어 많은 에세이를 쓰게 된다. 2학년 때는 역시 사도들 멤버가 된 고전학 전공의 무어(G. E. Moore)와 알게 된다. 오늘날 20세기 영미철학의 전개에 가장 중요한 인물들의 최선봉에 위치하게 되는 무어와 러셀은 아주 친한 친구 사이로 발전하지는 않았지만 철학에 눈떠 가는 청년 시절에 서로에게 영향을 주며 영국 철학계에 새로운 물결을 일으키는 주인공이 된다.

　1893년 학부를 졸업한 러셀은 지식의 어떤 분야에서든 기초적인 작업은 철학에 대한 이해를 필요로 한다는 것을 깨닫고 케임브리지에서 1년간 철학을 공부한다. 수학과에서의 졸업 성적이 7등이었던 반면, 철학과에서는 최우등상을 받을 정도로 탁월한 실력을 발휘한다. 그의 스승들은 당시 영국철학의 주류였던 헤겔주의의 영향 아래 있었던 제임스 워드(James Ward), 헨리 시지윅(Henry Sidgwick), 스타우트(G. F. Stout) 등이었고, 그보다 케임브리지 대학의 5년 선배였던 헤겔주의자 맥타가트(John McTaggart)로부터도 영향을 받았다.

러셀은 이미 학부를 졸업하기 전에 철학사의 주요 저작들을 읽었지만, 그에게 특별히 영향을 준 책이 있다면 그것은 수학자 칸토르(Georg Cantor)와 철학자 프레게(Gotlob Frege)의 저작들이었다. 제임스 워드가 일독을 권하며 건네 준 이 두 책은 실로 러셀의 철학에 중요한 위치를 차지하게 되는데, 러셀에 따르면 칸토르의 경우와 달리 프레게의 책은 상당 기간이 흐른 뒤에 그 의미를 이해할 수 있었다고 한다.

철학에서 발군의 실력을 발휘한 러셀은 6년간 케임브리지로부터 펠로십을 받는다. 이 펠로십은 강의나 케임브리지 내 거주의 의무를 부과하지 않았으나 약간의 생활비를 보조받았으며 러셀로서는 향후 학자로서의 길을 걷는 데 더 이상 바랄 것 없는 청신호였다. 게다가 성인이 되면서 아버지로부터 물려받은 2만 파운드의 재산에 대한 권리를 행사할 수 있게 되었으므로 생활에 어려움은 없었고 궁극적으로는 자신을 키워 준 할머니로부터 완전히 독립할 수 있게 되었다.

어느덧 성인이 된 러셀은 여성에 대한 관심 또한 남달랐다.

이미 17세의 나이에 다섯 살 연상의 미국 퀘이커교 출신 여인 알리스 스미스(Alys Pearshall Smith)와 사랑에 빠졌다. 러셀은 그가 살고 있던 펨브로크 로지 부근에 이사온 그녀에게 첫눈에 반했지만 만 21세가 될 때까지는 결코 그의 애정을 드러내지 않고 그저 친구로 지낸다.

 법적으로 독립할 수 있는 나이인 21세가 된 러셀은 적극적인 시도와 설득으로 알리스의 사랑을 얻게 되지만 둘의 관계는 할머니의 극심한 반대에 직면하게 된다. 할머니는 귀족 출신이 아닌 알리스를 러셀의 부인감으로 생각하지 않았고 오랜 기간 두 사람을 떼어 놓으려고 노력했지만 허사였다.(러셀 가계의 정신병력을 근거로 둘이 결혼할 경우 자식을 낳아서는 안 된다는 식으로도 접근했지만 허사였다.) 결국 결혼식에 할머니와 숙부·숙모는 참석하지 않고, 형 프랭크와 외가쪽 친척들만 참석한다.

 할머니의 완강한 반대를 무릅쓰고 1894년 겨울 알리스와 결혼한 러셀은 자신이 어린 시절을 보낸 펨브로크 로지를 떠나 할머니로부터 완전히 독립한다. 그에게는 펠로십에서 받는 생활비와 2만 파운드의 유산이 있었기 때문에 그러한 독립은 어려운 일이 아니었다. 그는 아내 알리스와 몇 년간 행복한 시간을 보낸다. 한동안 둘은 베를린에 머물면서 독일의 사회민주주의를 연구하면서 그곳의 사회주의자들과 교유했으며, 알리스의 모국인 미국을 방문하기도 했다.

 러셀은 의도적으로 자신의 귀족 배경으로부터 벗어나기를 원했다. 독일에서 사회주의에 관심을 가진 것도 알리스의 여성 참정권에 대한 생각에서 비롯된다. 그녀는 여성이 권리를 얻는 것이 사회주의에서 가능해질 것이라는 생각을 가졌던 것이다. 젊었을 때부터 가지게 된 사회주의에 대한 관심으로 평생 자신이 사회주의자임을 표방하지만, 이러한 경향은 당연히 귀족 사회에서는 포용되지 않는 사고였다. 맏아들인 형 프랭크가 러셀 백작 1세였던 할아버지로부터 이어받았던 작위는 프랭크에게 아이가 없었기 때문에 1931년 러셀이 계승하지만, 러셀 스스로는 평생 지극히 형식적인 경우를 제외하고는 자신의 계급이나 출신성분을 내세우거나 강조하지 않았다.

철학자 러셀의 첫 저서는 그래서 철학적인 것도 수학적인 것도 아니었다. 독일에서의 경험을 토대로 그가 출간한 첫 저서는 《독일 사회민주주의(*German Social Democracy*, 1896)》였고, 이어서 그의 대학원 논문이 이듬해에 《기하학의 기초에 관한 연구(*An Essay on the Foundations of Geometry*, 1897)》로 출판된다. 《기하학의 기초》는 물론 헤겔주의의 영향 아래 쓰여졌지만 학계의 주목을 받기에 충분했다. 프랑스의 저명한 수학자 앙리 푸앵카레(Henri Poincaré)가 프랑스의 유명 저널에 비판적 에세이를 실었고, 무어도 영국의 권위지 《마인드(*Mind*)》에 서평을 실었다. 그래서 1900년 파리에서 열리게 될 국제철학자대회에 발표자로 초청되기에 이른다. 러셀의 이름은 20대에 이미 국제적으로 주목받기 시작한 것이다.

1896년 가을 러셀은 알리스와 미국을 방문한다. 그곳에서 자신의 저작을 바탕으로 브린 모어 대학과 존스 홉킨스 대학에서 강연을 한다. 이 때의 강연은 저명한 철학자의 그것은 아니었지만 훗날 러셀의 긴 생애에서 미국에서 하게 될 수많은 강연의 시작이 되었다.

처음으로 방문한 미국에서 러셀은 그가 예전에 흥미롭게 읽었던 《심리학 원론》의 저자 윌리엄 제임스를 방문하였으며, 또 미국의 수학자들과도 친분을 맺게 되는 등 여러모로 유익한 시간을 보냈다. 특히 미국의 학자들과의 대화를 통해 대부분의 학문 분야에서 영국보다 독일이 더 앞서 있음을 깨닫게 된다. 그가 관심을 가지고 있던 수학의 기초에 관한 부분에서도 그렇다는 것을 알게 된 것 역시 그로서는 하나의 수확이었다. 단, 문제가 있었다면 결혼한 지 2년밖에 되지 않았지만 이미 그 때부터 러셀은 앨리스 이외의 여자들에 매혹되기 시작했다는 사실이다.

3. 수학의 원리와 파경

1900년 여름 러셀은 화이트헤드와 함께 파리의 국제철학자 대회에 참석한다. 그 무렵 러셀은 그의 주요 저작 중의 하나인 《수학의 원리(*The Principles of Mathematics*)》의 원고를 상당 부분 완성한 상태였다. 이 책에서 전에 그가 천착했던 헤겔주의의 흔적은 완전히 사라졌고, 칸토르의 집합론의 영향권에 들어 있었다. 그런 와중에 러셀은 파리에서 이탈리아의 수학자 페아노(Giuseppe Peano)를 만나게 된다.

이 만남은 그의 지적 여정의 전환점이 되었다고 스스로 말할 만큼 러셀의 삶에서 매우 중요한 이벤트였다. 페아노는 독일 수학자들이 수학에 확고한 기초를 만들려고 한 노력을 이어나

가려는 생각을 가지고 있었다. 러셀은 페아노와의 만남을 통해서 수학이 논리학의 기초적 아이디어들(공리)로부터 연역될 수 있다는 생각을 확인하게 된다.

영국으로 돌아온 러셀은 페아노와 그의 추종자들의 저작을 전부 읽고 매우 정열적인 연구에 몰두한다. 그는 페아노를 통해서 자신이 추구하던 논리적 분석을 위한 완벽한 도구를 얻었다고 생각하기에 이른다. 이제 러셀은 페아노에게서 얻은 것을 자신의 관심 영역에 적용하기 시작했다. 그는 화이트헤드와 자신의 생각을 논의하면서 매우 지적으로 흥분된 나날을 보낸다.

나의 감정은 안개 속에 쌓인 산을 오른 뒤 정상에 도달했을 때 갑자기 안개가 걷히고 사방 40마일 앞이 눈에 보이게 된 사람의 그것과 비슷했다. …… 지적으로 1900년 9월은 내 인생의 정점이었다. 나는 이제 적어도 가치 있는 무엇인가를 해내었다고 스스로에게 되뇌었고, 내가 그것을 글로 적어 놓기 전에 길에서 교통사고를 당하지 않도록 조심해야 한다는 느낌을 가졌다.(앞의 책, 148)

이러한 지적인 흥분의 결과 러셀은《수학의 원리》의 원고를 완전히 다시 쓰게 된다. 하루에 10장씩 3개월도 채 되지 않아 200,000 단어 이상의 원고를 써냈고, 결국《수학의 원리》의 원고를 19세기의 마지막 날(1900년 12월 31일)에 탈고했다. 물론 그는 수학과 철학에서 매우 중요한 업적을 달성했다고 생각했지만 머지않아 그런 생각은 난관에 봉착한다.

1901년 봄 러셀은 '러셀의 패러독스'라고 알려지게 되는 역리를 발견하게 된다. 이것은 러셀이 수학의 논리적 기초를 위해 사용했던 방법에 무엇인가 문제가 있음을 의미했다. 처음에는 쉽게 해결될 것처럼 보였던 이 문제는 해를 넘겨도 해결되지 않았다. 러셀은 패러독스에 의해 훼손된 《수학의 원리》의 일부를 다시 쓴다. 하지만 패러독스의 해결을 보지 못했기 때문에, 다시 쓴 부분이 더 만족스러운 것은 아니었다.

이 무렵 러셀은 화이트헤드와 공동으로 《수학의 원리》의 속편을 계획하는데, 이것은 그로부터 10년 가까운 시간을 쏟아부어 《프린키피아(*Principia Mathematica*)》라는 책으로 결실을 맺는다. 러셀로서는 자신이 발견한 패러독스의 난관을 헤쳐 나갈 생각으로 새 책을 쓰려 했던 것이다.

《수학의 원리》를 끝낸 러셀은 당시에는 거의 알려져 있지 않았던 독일의 수학자 프레게의 저작을 읽기 시작한다. 러셀은 프레게의 저작에서 자신이 해 왔던 작업과 동일한 노선의 작업을 하고 있음을 발견한다. 프레게가 러셀보다 앞서서 수학을 논리학에 기초시키는 데 더 많은 성취를 이루었던 것이다. 이 무명의 독일 수학자는 결국 러셀에 의해 철학계에 널리 알려지게 된다. 프레게의 중요성을 인식한 러셀이 《수학의 원리》에 부록을 달아 프레게가 독립적으로 자신보다 먼저 자신과 유사한 생각을 발전시켰음을 소개했던 것이다.

러셀은 프레게 역시 자신이 발견한 패러독스로부터 자유롭지 못함을 발견하고 그에게 편지를 쓴다. 프레게는 러셀의 편지를 받고 패러독스의 심각성을 곧바로 알아차린다. 러셀에게 보낸 답장에서 프레게는 패러독스가 자신의 시도는 물론 수학

22

의 기초를 제공하려는 시도 자체를 위협한다는 평가를 내린다.
패러독스를 해결하려는 러셀의 시도는 치열했지만 그리 성공
적이지는 않았다. 《자서전》에서 그는 다음과 같이 쓰고 있다.

> 매일 아침 나는 백지 한 장을 앞에 놓고 앉았다. 점심 식사를 위한
> 짧은 시간을 빼곤 나는 빈 종이장을 응시했다. 종이가 빈 채로 저녁
> 이 오는 경우가 자주 있었다. 우리는 런던에서 겨울을 보냈는데, 겨
> 울에는 문제를 해결하려고 하지 않았지만 1903년과 1904년의 두 여
> 름은 내 마음에 완전히 지적으로 막다른 골목에 다다른 시기로 남아
> 있다. 모순의 해결 없이 앞으로 나아갈 수 없다는 것이 분명했고, 나
> 에게는 어떤 어려움도 《프린키피아》의 완성을 막지 못할 것이라는
> 확고한 결심이 있었지만, 어쩌면 내 인생의 남은 날들 모두를 그 백
> 지를 쳐다보면서 보내게 될 것 같아 보였다.(앞의 책, 154)

학문적인 어려움과 더불어 러셀은 결혼생활의 어려움에 봉
착하게 된다. 1901년에 접어들면서 러셀의 알리스에 대한 애정
은 식어간다. 물론 그의 결혼생활이 그간 그리 이상적인 것은
아니었다. 러셀은 집안일을 포함하여 알리스에게 무관심했고,
학문적 열정에 스스로를 불태웠다. 그는 알리스의 여동생 메리
에게서도 단순한 감정 이상을 가졌던 것으로 보이며, 자신의
스승이었던 화이트헤드의 부인에게도 연정을 느꼈다. 그러나
알리스는 내색을 하지 않았으며, 결과적으로 심리적으로 우울
증에 시달렸다.
1902년에 이르러 두 사람의 관계는 거의 파경에 이른다. 알

리스는 신경쇠약 증세를 보여 몇 달 동안 요양하기도 하지만,
요양에서 돌아온 다음 날 러셀은 알리스에게 그의 사랑이 식었
으며 더 이상 침실을 같이 쓰지 않겠다고 선언한다.

러셀은 알리스에 대한 사랑이 식었지만, 그녀에 대한 도덕적
의무감에서 그녀와 헤어지지 않고 같이 살았다. 그 후로 8~9
년간 같은 집에 살면서 다른 사람들에게는 결혼이 유지된 것처
럼 보였다. 이 기간 동안《프린키피아》를 저술하는 데 온 정열
을 불사른다. 그 결과 1910년 가을부터 5년간 케임브리지로부
터 강사직을 제의받는다. 트리니티 칼리지에 숙소가 제공되면
서 드디어 더 이상 사랑하지도 않고 사랑을 나누지도 않는 알
리스와의 같은 집 살림이 종결된다. 알리스로서는 러셀에게 사
랑을 주지 못하게 되었을 뿐 이후로도 죽는 날까지 계속해서
그에 대한 사랑을 간직하고 살아간다.

4. 새로운 만남들

《프린키피아》의 저술 중에 러셀은 정치활동에도 참여한다.
여성 참정권 운동이 그것이다. 그의 어머니도 한때 여성참정권
협회(Women's Suffrage Society)에 참여한 바 있었고, 그의 대부
였던 존 스튜어트 밀 역시 관련 분야에 적극적으로 참여한 인
물이었다. 러셀은 1906년 여성참정권협회에 가입했고, 이듬해
이사회 임원이 되었다. 그 해에 윔블던에서 하원 보궐선거가
있었는데, 토리당의 안전지대로서 자유당에서는 후보를 내기
조차 꺼리던 차였다. 하지만 여성참정권협회에서는 자신들의

입장을 널리 알리고자 러셀로 하여금 후보가 되어 주기를 요청했고, 러셀은 그에 응했다.

영국에서 여성 참정권이 완전하게 주어진 것이 1928년임을 감안하면 여성 참정권을 주장하면서 의회에 진출하려고 한 러셀의 시도는 획기적인 것이었다. 여성 참정권을 이슈로 선거운동을 한 최초의 사례였기 때문이다. 바로 그런 까닭에 러셀은 주목을 받았고, 선거운동시에 쥐를 풀어 놓는다든지 계란을 던진다든지 하는 방식으로 많은 반대자들의 방해를 받았다. 결국 러셀은 3천 표밖에 얻지 못하고 패한다. 어차피 당선 가능성을 염두에 두고 출마한 것이 아니므로 러셀로서는 소기의 목적은 달성한 셈이다.

사실 철학자 러셀에게 더 중요한 임무는 화이트헤드와 공동으로 저술 중이던 《프린키피아》를 완성하는 것이다. 실로 그는 1907년부터 1910년까지 한 해의 8개월 동안 매일 10~12시간 정도를 연구와 원고를 쓰는 데 바쳤다. 이처럼 그는 자신의 작업에 온갖 정열을 다해 심혈을 기울였기 때문에 매일 산책을 할 때마다 집에 불이 나서 원고가 다 타버리면 어떡하나 걱정했다고 한다.

1909년에 저술 작업이 끝나는데, 이 책이 출판되었을 때 러셀의 예견과 틀리지 않게 아무도 그 책을 제대로 읽지 않게 되었다. 4,500면에 달하는 원고에서 제1권 중 논리학의 이론을 다루는 부분은 철학자들에 의해서 많은 논쟁거리가 되었지만 수백 면에 달하는 증명의 경우는 거의 읽히지 않았다. 특히 러셀과 화이트헤드는 《프린키피아》가 지닌 수학적 측면이 제대로 읽히지 않은 데 대해서 실망했다.

《프린키피아》의 원고를 끝낼 무렵 러셀은 귀족 출신의 오토라인 모렐(Ottoline Morrell) 여사를 알게 된다. 1년 뒤 그들의 우정은 연인관계로 발전하는데, 향후 5년간 그녀는 러셀의 삶의 중심이 된다. 러셀은 자신의 이상적인 여성을 만났기 때문에 불행한 알리스와의 결혼관계에서 완전히 벗어나 모렐과 새 출발을 희망했다. 그러나 러셀 이전에도 여러 명의 정부와 관계한 경험이 있었던 모렐 여사는 정치인이었던 남편과 헤어지기를 원치는 않았다.

러셀이 모렐 여사에 대해 느낀 사랑의 폭과 깊이처럼 모렐 여사의 러셀에 대한 감정이 그렇게 절대적인 것은 아니었던 것 같다. 러셀은 물론 질투심을 느꼈지만, 모렐 여사는 러셀과 교제하면서 남편은 물론 그녀의 다른 정부들과도 관계를 유지했던 것이다. 물론 러셀은 모렐이 다른 정부와 은밀한 관계를 가지는 것을 알지 못했다. 어찌 되었든 이들의 관계는 공개적인 것이 될 수 없었기 때문에 서로 가끔 은밀히 만나는 것 외로는 주로 편지로 이루어졌다. 이들 사이에 3,500통이 넘는 편지가 교환되었다.

러셀로서는 모렐 여사와의 만남이 인생의 가장 중요한 사건 중의 하나임에 틀림없었다. 러셀은 그의 삶의 모든 것, 세세한 일상의 사건들까지도 그녀에게 알려 주려고 하였다. 하지만 그의 삶의 가장 중심적인 철학적 문제들은 그녀가 쉽게 알 수 없는 것이었기 때문에 러셀은 때로는 그녀가 철학을 이해할 수 있도록 노력하기도 했고, 때로는 그녀가 관심을 가질 만한 주제들에 관해 글을 쓰는 방식을 취하기도 했다.

모렐 여사와의 관계가 깊어질 무렵 러셀은 어느 날 자신의 연구실에 불쑥 찾아온 비트겐슈타인(Ludwig Wittgenstein)을 만나게 된다. 처음에는 그저 귀찮게 구는 호기심 많은 학생으로 생각했으나 이내 그의 재능을 발견하게 된 러셀은 이듬해 봄학기에 들어서면서 비트겐슈타인과 매우 가까워진다. 모렐 여사에게 보낸 편지에서 러셀은 비트겐슈타인이 천재성을 지녔다고 말하면서 다음과 같이 쓰고 있다.

> 나는 그를 사랑하며, 그는 내가 너무 늙어서 해결할 수 없는 문제들, 즉 해결하는 데 신선한 정신과 젊음의 생기를 요구하는 나의 연구가 제기하는 모든 종류의 핵심적인 문제들을 풀 것이라고 느낍니다. 그는 우리가 기대를 가져도 좋을 바로 그런 젊은이입니다. (Griffin, 1992: 419)

비트겐슈타인은 이내 러셀의 삶에 영향을 미칠 정도의 인물이 되는데, 러셀은 그를 아들처럼 아끼게 된다. 러셀은 수학적이고 기술적인 글에서 떠나 이제 철학적 주제의 글들을 쓰고 있었는데, 그러한 글들에 대해서도 비트겐슈타인은 비판적이었다. 이를테면 "종교의 본질(The Essence of Religion)"이라는 글을 《히버트 저널》에 싣자, 비트겐슈타인은 엄밀성을 갖추지 못한 애매한 글이라고 혹평했다. 이러한 비평은 1913년 봄에 절정에 다다르는데, 비트겐슈타인은 러셀이 쓰고 있던 "지식의 이론"의 원고를 보고 그것이 전부 틀렸다는 진단을 내린다. 역

시 모렐 여사에게 보낸 편지에서 러셀은 비트겐슈타인의 혹독
한 비판을 듣고 느낀 참담함을 다음과 같이 쓰고 있다.

> 나는 그에게 내가 써온 것의 중요한 부분을 보여 주었습니다. 비
> 트겐슈타인은 그것이 전부 틀렸으며, 그 이론이 가지는 난점을 내
> 가 깨닫지 못하고 있다고 했습니다. 즉, 그가 이미 내 입장을 시도
> 해 보았지만 그것이 제대로 안 된다는 결론에 도달했다는 것이지
> 요. 하지만 나는 그의 반론을 이해할 수가 없었습니다. 그의 설명
> 이 무척 불명료했거든요. 그럼에도 불구하고, 나는 비트겐슈타인
> 이 옳으며, 내가 보지 못하는 무엇인가를 보았을 것이라는 느낌이
> 듭니다. 내 이론에서 무엇이 틀렸는지 나도 알 수 있으면 괜찮습니
> 다. 하지만 걱정이 되는군요. 그리고 그런 우려가 계속해서 원고를
> 쓰는 기쁨을 앗아가 버렸습니다. 나는 내가 알고 있는 점만을 가지
> 고 계속 쓸 수밖에 없는데, 그게 전부 틀린 내용인지도 모른다는
> 생각이 드는군요. 또, 그렇게 틀린 내용을 계속 쓴다면, 비트겐슈
> 타인은 나를 정직하지 못한 사기꾼으로 생각할 것입니다. 아, 이제
> 젊은 세대가 문을 두드리고 있군요. 내가 그렇게 할 수 있을 때 비
> 트겐슈타인에게 자리를 내주어야 할까 봅니다. (앞의 책, 459-600)

위의 글에서 보듯이 러셀은 비트겐슈타인의 비판으로 큰 상
처를 입었던 것 같다. 그로 인해 철학에 대한 욕구 자체가 없어
질 정도였다. 비트겐슈타인의 독특하고 강한 성격 때문이기도
했지만, 결국 러셀과 비트겐슈타인의 잦은 언쟁은 두 사람의
관계를 평탄치 못하게 했다. 비트겐슈타인은 더 이상 케임브리

지에 머물 생각이 없었고 혼자서 논리학을 연구할 태세였다.

이렇게 러셀의 가장 탁월한 제자 비트겐슈타인은 케임브리지를 떠나 노르웨이의 오지에서 혼자 살기도 하고 제1차 세계대전 발발시에는 오스트리아 군으로 참전하기도 하면서 러셀로부터 멀어진다. 물론 그가 전쟁의 포화 속에서 완성한 《논리-철학 논고》의 원고를 러셀에게 가장 먼저 보여 주었고, 종전 후에는 따로 만나 원고에 대해 긴 시간 논의를 같이 했으며, 결국 러셀의 노력으로 출판에 이르게 되었지만, 일단 케임브리지를 떠난 이후 두 사람의 관계는 1910년대 초반의 친밀함을 회복하지 못한다.

모렐 여사와의 관계 역시 1912년이 되면서 예전 같지 않아진다. 모렐 여사는 다른 정부와의 관계를 러셀에게 숨겼는데, 그것이 말해 주는 바는, 러셀에게 모렐은 그의 모든 것이나 다름없을 정도의 큰 사랑이었지만, 모렐에게 러셀은 여러 연인 중의 하나였을 뿐이라는 것이다. 특히 모렐은 더 이상 러셀과 육체적인 관계를 지속할 의사가 없었고, 러셀은 그러한 단절로 괴로워한다. 특히 비트겐슈타인의 비판으로 인한 상처와 소원해진 관계는 모렐과의 관계 악화와 더불어 러셀의 정신을 극도로 어지럽게 한다.

이 무렵 러셀에게 정신적 기쁨이 있다면 그것은 그가 존경하던 작가 조지프 콘래드(Joseph Conrad)와 알게 된 것이다. 그의 콘래드에 대한 경의는 첫째 아들의 이름을 존 콘래드로 짓고 대부로 삼은 것에서뿐 아니라 둘째 아들의 이름도 콘래드라고 지은 데에서 잘 발견된다.

5. 러셀의 새로운 여인들

1914년 3월 러셀은 하버드 대학에서의 강의를 위해 미국으로 간다. 일종의 방문교수로 건너갔지만, 하버드 대학 철학과에서는 러셀에게 정식으로 교수직을 제의했다. 그러나 워낙 미국에 대해 좋게 보지 않았던 러셀에게는 하버드의 제의는 당치도 않은 일이었다. 1951년의 마지막 방문에 이르기까지 러셀은 미국으로 수없이 강연 여행을 떠났고 결국 미국에서 교수가 되기도 했지만 결코 미국을 좋아하지는 않았다.

모렐 여사와의 관계가 예전 같지는 않았지만, 러셀이 그녀에 대한 집착을 쉽게 떨치지는 못했던 것 같다. 미국에서 지내는 동안 그는 외로웠고 미국인들에 대한 좋지 않은 시각은 그 외로움을 더하게 했다. 미국 체류의 끝부분에 러셀은 시카고를 여행할 기회가 있었는데, 그 때 예전에 영국에서 만난 적이 있는 28세의 작가 지망생 헬렌 더들리(Helen Dudley)와 가까워진다. 작가로서의 꿈을 실현시키기 위해 런던의 문단에서 활동하고 싶었던 그녀에게 러셀과의 만남은 이상적인 것이었다. 결국 두 사람은 영국에서 같이 살 생각을 나눌 정도로 가까워졌다.

러셀이 미국에 있는 동안 모렐 여사는 러셀과의 관계를 완전히 끊을 생각을 가졌던 것 같다. 그러나 러셀이 미국에서 다른 여자와 가까워져 같이 살 생각까지 하고 있음을 알게 되자 그녀는 다시금 그의 마음을 되돌리고자 노력한다. 러셀은 영국에 도착할 때까지만 해도 헬렌과의 관계를 심각하게 생각했고, 모렐과의 어설픈 관계를 끝낼 수도 있다고 생각했다. 하지만 러셀에게 친밀감을 가지고 관계 회복을 꾀한 모렐의 시도에 러셀은 쉽게 무너지고 말았다. 러셀에게 진정한 사랑은 모렐이었던 것이다. 러셀은 모렐과 매주 밀회를 가질 정도로 관계가 빠르게 회복되어 갔다. 그리고 그러한 정도에 비례해서 헬렌에 대한 감정은 차갑게 식어만 갔다.

그래서 얼마 지나지 않아 러셀과의 삶에 대한 희망을 품고 헬렌이 영국에 도착했을 때 러셀은 무척 냉담하게 그녀를 대하면서 그녀에 대한 감정이 변했다고 말한다. 러셀은《자서전》에서 제1차 세계대전의 발발이 헬렌에 대한 그의 감정을 식게 만들었다고 쓰고 있지만, 그가 모렐에게 보낸 편지의 내용 등으로 볼 때 그러한 언급은 전혀 진실이 아니라고 할 수밖에 없다.

러셀을 믿고 미국에서 건너온 헬렌으로서는 받아들이기 어려운 황당한 일이었지만, 러셀의 입장은 단호했으며 놀라울 정도로 차가웠다. 결국 1915년에 접어들면서 헬렌은 러셀의 삶에서 완전히 벗어나게 된다. 한동안 런던의 문단에서 활동하다 미국으로 돌아간 헬렌은 러셀에게서 받은 충격과 상처 때문이었는지 훗날 정신이상 증세와 더불어 불행한 삶을 살게 되었다고 한다. 라이벌이 사라진 모렐 여사 역시 러셀에 대한 로맨틱한 연정은 다시 예전처럼 사라지게 된다.

그의《자서전》에 기록하고 있지는 않지만, 모렐 여사와의 관계가 냉랭해지면서 외로움을 느끼게 된 러셀은 미국 방문시 하버드 대학에서 철학과 대학원생으로 자신의 수업을 들었던 엘리엇(T.S. Eliot)의 부인 비비엔과 불륜관계를 가졌던 것으로 여겨진다. 미국에서 옥스퍼드로 건너와 브래들리의 철학을 공부

하던 엘리엇은 런던의 문단에서 활동하기로 마음을 먹게 되면
서 26세의 비비엔 하이아우드(Vivien Hiagh-Wood)와 결혼했지
만, 두 사람의 관계는 신혼 초부터 원만하지 못했던 것이다.

모렐 여사와의 관계 회복이 회의적이 되면서 러셀은 모렐 대
신 외로움을 달래 줄 지속적인 연애 대상을 찾게 된다. 역시 귀
족 출신의 여배우 콘스탄스 몰레슨(Constance Malleson)과 사랑
에 빠진다. 콜렛 오닐(Collette O'Neil)이라는 예명으로 활동한
20대 초반의 그녀는 마일스 몰레슨(Miles Malleson)이라는 작가
겸 배우와 결혼한 상태였지만 서로 자유로운 연애를 인정하는
사이였다.

44세의 러셀은 젊은 콜렛의 매력에 반해 그녀에게 남편 마일
스와 이혼하고 자신과 결혼하자고 청혼했으나 거절당한다. 그
럼에도 그들의 관계는 지속되었고, 훗날 백작 직위를 이을 아
이를 낳기를 원했던 러셀은 콜렛에게 자신의 아이를 낳아 주기
를 원한다. 자신의 남편은 물론 배우로서의 삶을 포기하고 싶
지 않았던 콜렛은 이 제의 역시 거절했고 그녀에 대한 러셀의
열정은 사그러들었다. 하지만 4년 동안 그녀는 러셀의 여인이
었고, 1919년 러셀의 두 번째 부인이 될 도라 블랙(Dora Black)
을 만날 때까지 관계가 지속되었다.

6. 평화주의자 러셀과 징집반대운동

유럽에서 벌어지고 있던 전쟁 자체에 반대 입장을 가졌던 평
화주의자 러셀은 이 기간에 정치철학에 관한 입장을 정리하여

대중 강연을 하기도 하고, 미국의 윌슨 대통령에게 공개서한을 보내 종전을 위한 미국의 노력을 촉구하는 등 적극적으로 반전 운동에 매진한다. 1916년에 제정된 병역법에 따르면, 18~41세의 모든 영국 남성은 군복무를 하도록 되어 있었다. 이에 대해 양심적인 병역 거부자들을 중심으로 징집반대회(No-Conscription Fellowship)가 결성되자 43세의 러셀은 적극적인 활동을 펴게 된다.

징집에 반대하는 내용의 팸플릿을 돌리며 적극적으로 전쟁 중단 운동을 하던 러셀은 자신의 팸플릿을 배부하던 운동원이 체포되자 자기 자신도 체포할 것을 요구하는 글을 《더 타임즈》에 기고한다. 그가 원했던 대로 재판에 회부되지만, 징집방해 혐의로 100파운드의 벌금형에 처한다. 그는 벌금을 내지 않고 투옥되기를 원했지만, 이미 그의 책과 가구들에 대해서 경매 처분이 내려졌고, 그의 친구들이 1,500권에 달하는 책과 물건 들을 사서 벌금을 내주었기 때문에 그는 투옥되지 않았다.

러셀의 재판으로 인하여 징집반대운동은 크게 알려지게 되었지만, 러셀 자신은 하버드 대학의 방문교수 기회를 박탈당하는 불이익을 당하게 된다. 하버드로부터 1917년 봄학기에 논리학과 윤리학 강의를 제의받고 승낙을 해놓은 상태였으나 영국의 외무부는 국가방위법 위반자인 러셀에게 여권발부를 거부하여 러셀의 미국행은 좌절되고 만다. 이어서 러셀은 트리니티 대학으로부터도 같은 죄로 강사직을 박탈당한다.

그 후로도 러셀은 대학에서의 강의 대신 영국의 여러 도시를 돌면서 전쟁문제와 철학에 관련된 강연 여행과 저작활동을 하면서 지낸다. 이러한 행동에 대해 당국은 감시를 게을리하지 않았고, 당국은 그가 특정 지역으로 여행하는 것을 금지하기도 했다. 시간이 지나면서 러셀은 다시 철학 연구에 몰두하기를 원하지만,《더 트리뷰널》에 기고한 글이 문제가 되어 6개월 징역형을 선고받는다. 담당판사는 러셀의 학문적 업적을 감안하여 그를 미죄(微罪)감방(the first division)에 수감토록 한다.

1918년 5월 미죄감방에 수감됨으로써 러셀은 혹독한 수감생활은 면할 수 있었다. 6개월 형을 받았지만 모범적인 수감생활로 인해 5개월 만에 석방된 러셀은 감방에서 일간신문은 물론 많은 양의 책을 볼 수 있었고, 음식도 외부로부터 반입해서 먹을 수 있었다. 무엇보다도 그는 하루에 6펜스를 지불하면서 다른 죄수들로 하여금 자신의 감방을 청소하도록 할 수도 있었다. 이런 상황은 러셀에게는 연구에 전념할 수 있는 최적의 환경이 되었다. 그는 매일 네 시간 동안 철학 서적을 읽고, 네 시간 동안은 철학 저술을 했으며, 네 시간 동안은 일반적인 독서를 했다. 이러한 집중력으로 러셀은 수감되기 전에 행했던 강연 내용을 정리하여 《수리철학입문(*Introduction to Mathematical Philosophy*)》을 완성한다.

종전이 되고 1919년에 접어들면서 러셀은 "명제에 관하여 (On Proposition)"와 같은 철학적 저술을 계속하고 있었다. 그러던 와중에 러셀은 그의 옛 제자 비트겐슈타인으로부터 카드를 한 장 받는다. 러셀이 그로부터 마지막 연락을 받은 것은 1916년이었기 때문에 러셀은 자신의 옛 제자가 참전 중에 전사했을 것이라고 생각하고 있었다. 그러나 비트겐슈타인으로부터의 카드는 그런 생각을 말끔하게 제거해 주는 것이었다.

그 카드에서 비트겐슈타인은 1918년 전쟁포로로 잡혀 이탈리아의 몬테 카지노 수용소에 있으며 전쟁 중에 논리학과 관련된 많은 작업을 했다는 내용을 전했던 것이다. 이어진 서신 교환을 통해 러셀은 비트겐슈타인이 후에 《논리-철학 논고》로 출판될 책의 원고를 완성했다는 것을 알게 된다. 비트겐슈타인은 자신의 역작을 스승이었던 러셀에게 한시라도 빨리 보여 주고 싶어했고, 러셀 역시 최근에 출판된 《수리철학입문》을 한때 총애했던 제자에게 보여 주고 싶었다.

그러한 두 철학자의 열망은 사회적, 정치적으로 가장 영향력 있는 러셀의 두 친구에 의해 성취된다. 대학 동창 조지 트레블리안은 비트겐슈타인이 포로수용소 내에서 외부로부터 책을 받아 볼 수 있게 도움을 주었고, 당시 파리에서 평화협상에 참여하고 있던 케임브리지의 동료 교수 케인스는 비트겐슈타인의 원고를 외교행낭을 통해 러셀에게 전달될 수 있도록 도왔다.

러셀의 책을 받아 읽어 본 비트겐슈타인은 그 내용에 만족하지 못했고, 이어서 러셀이 자신의 원고를 이해하지 못할 우려를 담은 내용의 편지를 러셀에게 보낸다. 그의 우려대로 러셀은 간결한 문체로 씌어진 짧은 분량의 《논리-철학 논고》의 원고를 잘 이해할 수 없었고, 비트겐슈타인이 수용소에서 풀려난 뒤 12월에 헤이그에서 만나 일주일 동안 쉬지 않고 서로 머리를 맞대고 한줄 한줄 논의할 때까지 비트겐슈타인의 우려는 계속되었다.

그가 배출한 가장 탁월한 제자였던 비트겐슈타인이 전쟁의 참호 속에서 완성한 책에 대해서 러셀은 특정한 부분에 대해서는 입장이 달랐지만 철학적인 중요성을 인정했으며 기꺼이 그 책의 출판에 도움을 주기로 한다. 제1차 세계대전 직후 경제적으로 어려움을 겪고 있던 유럽에서 이름이 전혀 알려지지 않았던 젊은 철학자의 책을 흔쾌히 출판하겠다고 나설 출판사를 찾기란 결코 쉬운 일이 아니었다. 결국 저명한 철학자였던 러셀이 해제를 싣는다는 조건으로 출판을 추진하기에 이른다.

7. 중국에서의 1년, 그리고 두 번째 결혼

1919년 여름 러셀에게는 새로운 애인이 생기는데, 그녀의 이름은 도라 블랙이었다. 25세의 케임브리지 펠로였던 그녀는 철학에 관심을 가진 지적인 여성이었을 뿐 아니라 그 무렵 러셀의 관심사였던 결혼과 아기를 가지려는 생각에서도 공통점을 찾을 수 있었기 때문에 러셀과 급속도로 가까워질 수 있었다. 그러나 러셀은 콜렛과의 관계를 바로 끊지 않고 한동안 두 여인 사이를 오가며 연애를 지속한다.

이듬해 러셀은 스페인과 러시아를 여행하며 시간을 보낸다. 그러던 중 러셀은 중국의 북경대학으로부터 1년간 방문교수직을 제의받는다. 러셀이 중국에 1년간 초청받았을 때 그는 도라에게 동행을 제안했다. 도라는 러셀과 함께 한 중국 체류기간 중에 임신을 하게 되고, 러셀은 중국에서 영국으로 돌아온 후에야 콜렛과의 관계를 완전히 정리하게 된다.

중국에서의 생활은 러셀에게 무척 만족스러운 것이었다. 중국 방문 직전에 소비에트 러시아를 둘러볼 기회를 가졌던 그가 볼셰비즘에 대해 좋지 않은 인상을 가지고 러시아를 떠났던 것과는 반대로 중국에서는 그 역사와 문화 그리고 사람들 모두에 완전히 반했다 해도 과언이 아닐 정도였다.

그는 중국인이야말로 세상에서 가장 문명화된 사람들이라고 평가했으며, 이러한 중국에 대한 애정은 1950년 한국전쟁이 발발했을 때도 여지없이 표출되었다. 그는 한반도에서 맥아더가 북진을 계속하여 궁극적으로 중국 영토까지 밀어붙이려는 움직임을 보이자 무척 우려했으며 모스크바에 원자탄이 떨어지는 것은 묵과할 수 있어도 베이징에 떨어지는 것은 참을 수 없는 일로 생각했다.

중국 체류시 북경대학에서 그는 철학과 논리학을 강의했으며, 지방 도시를 다니며 사회·정치철학에 대해서 강연할 기회도 가졌다. 그러한 일련의 강의를 들은 학생 가운데는 20대 중반의 학생 마오쩌둥도 있었다.

그러나 좋은 일만 있었던 것은 아니다. 러셀은 중국 체류시에 폐렴을 앓아 한때 생명이 위독한 지경에 이르기도 했다. 이 소식을 전해 들은 일본 언론은 1921년 3월 27일 러셀이 사망했다는 보도를 냈고, 이 뉴스는 전세계에 퍼져 영국의 친지들에게도 전해졌다. 실제로 담당의사 역시 러셀의 병세가 심해 소생의 희망이 없다는 진단을 도라에게 전하기도 했었고, 북경대학 관계자들 역시 위대한 철학자의 마지막 모습과 유언을 듣기 위해 병원을 방문할 정도였으므로 러셀은 정말로 영국에서 머나먼 타지 중국에서 삶을 마감할 뻔했던 것이다. 죽을 고비를 넘긴 후에도 쇠약해진 건강상태로 인해 수 개월간 침대에 누워 지내야 했던 러셀은 병상에서 일어나게 되면서 곧 고국인 영국으로 돌아갈 계획을 세운다. 영국으로의 귀환길에 들른 일본에서 인터뷰를 요청한 기자들에게 도라는 "일본 언론에 의해 세상을 떠난 버트런드 러셀씨는 일본 기자들과 인터뷰를 할 수 없습니다"라고 적힌 메모를 나누어 주었다고 한다.

중국에서 영국으로 돌아왔을 때 러셀은 여전히 알리스와 결혼관계에 있었고, 도라의 뱃속에서 탄생을 기다리고 있는 자신의 아이가 합법적이기를 원했기 때문에 1921년 9월 정식으로 이혼하고, 그로부터 6일 뒤 도라와 결혼한다. 이어서 11월에는 존 콘래드라고 이름 붙여진 아들이 태어나고, 딸 캐서린은 2년 후에 태어난다.

8. 아버지가 된 러셀의 또 다른 이혼과 재혼

나이 50이 다 되어 아버지가 된 러셀은 훌륭한 아버지가 되기를 원했고 아기의 양육에 남다른 열정을 보였다. 당시 새롭게 등장한 왓슨(Watson)의 행동주의 이론에 입각하여 자신의 첫 아기를 키우려고 시도할 정도의 실험정신도 보여 주었다. 이 즈음 러셀은 자신의 2세를 안정된 환경에서 키우기 위해 경제적으로 안정될 필요성을 느꼈고, 신문과 잡지에 대중적인 글을 자주 쓰게 되었고, 나중에는 본격적으로 대중 강연과 저술에 전념하게 된다. 특히 미국에서의 그의 인기는 대단한 것이었기 때문에 여러 차례 미국 강연 여행을 떠나기도 했다.

결국 1920년대에 접어들면서 러셀은 직업 철학자이기를 포기하고 프리랜서 작가로서의 길을 걷게 된 것이다. 이미 정치적으로도 잘 알려진 러셀로서는 박봉의 철학 교수보다는 대중작가로 활동하는 것이 더 많은 수입을 가져다 줄 수 있기 때문에 기꺼이 그렇게 했던 것으로 보이는데, 그가 강단 철학을 포기한 보다 근본적으로 더 중요해 보이는 이유는 비트겐슈타인의 영향으로 논리학과 수리철학을 계속해서 연구할 동기를 잃어버린 때문이라고 할 수 있을 것이다.

동기야 어떻든 과거에도 그랬듯이 이 시기부터 세상을 떠날 무렵까지 러셀은 방대한 양의 글을 써나간다. 《원자의 A, B, C》(1923), 《상대성의 A, B, C》(1925)와 같이 어려운 과학이론을 대중들에게 알기 쉽게 설명하는 책들을 쓰기도 했고, 《내가 믿는 것》(1925), 《결혼과 도덕》(1929), 《행복의 정복》(1930)과 같은 대중적 에세이를 출간하기도 했다. 특히 뒤의 두 저작은 상업적으로 크게 성공하여 러셀에게 많은 경제적 도움을 주었다.

1920년대 이후의 러셀이 과거와 다른 점이 있다면, 왕성한 집필과 강연 및 반전 평화운동 등으로 국제적으로 저명인사가 되기는 했지만 학계에서 인정받을 만한 깊이 있고 수준 높은 직업 철학자로서의 글을 더 이상 쓰지 못했다는 것이다. 후에 학계에 복귀를 시도하고 대학 교수직을 얻기도 하지만, 그 기간 중에도 러셀의 논문이나 저서는 한때 보여 주었던 영향력을 발휘하지는 못했다.

아버지로서 영국의 전통적인 학교 시스템이 이상적인 자녀 교육을 만족시키지 못한다고 생각한 러셀은 1927년 가을 아내 도라와 두 자녀의 교육을 위하여 비컨 힐 스쿨(Beacon Hill School)이라는 학교를 설립한다. 자연의 모습을 그대로 느낄 수 있는 200에이커의 숲을 배경으로 한 텔레그라프 하우스에 위치한 이 학교의 첫 신입생은 10명 남짓했는데, 러셀의 두 자녀와 친지의 자녀 두 명 외에 미국에서 건너온 아이들로 구성되어 있었고 모두 여섯 살 안팎의 유치원생이었다.

어떠한 종교적인 영향이나 공부로부터의 압박도 가하지 않는 가능한 한 자유롭게 아이들을 교육하려는 의도에서 소규모로 운영되는 실험적인 대안학교인 셈이었지만 운영에 많은 돈이 필요했고, 러셀은 다시 미국으로 강연 여행을 떠나고 미국 독자들을 위해 책을 출판하기도 한다.

러셀과 도라는 기존의 권위나 전통으로부터 자유로운 학교를 설립할 정도로 진보적인 철학의 소유자였듯이, 결혼과 도덕 그리고 행복에 관한 생각 역시 파격적이었다. 진보적인 정치운동을 계속하였던 도라는 《기계시대의 종교(The Religion of the Machine Age)》라는 저서를 통해 널리 알려졌고, 일부일처제를 믿지 않고 자유분방한 삶을 통해서 억압된 성의 굴레에서 벗어날 수 있다고 생각했다. 유사한 생각은 러셀의 《결혼과 도덕》에도 등장하는데, 사회주의에 심취했던 이들 두 동지가 내면적 깊이에서도 역시 동일한 입장을 견지했는지는 알 수 없지만, 실제로 그들의 생각을 행동으로 옮겼다는 데는 이견의 여지가 없다.

학교 운영에 필요한 기금 모금에서 오는 피로와 서로간의 외도를 묵인하기로 합의한 러셀과 도라의 분방한 생활에서 오는

스트레스는 결국 두 사람을 결별로 이끌었다. 이미 부부관계가 예전 같지는 않았지만, 도라가 로이 랜덜과 외도관계에 있음을 알게 된 러셀은 내면적으로는 그러한 상황을 참지 못했다.

아내의 외도가 공개되자 러셀 역시 공개적으로 아들의 불어 가정교사와 관계를 가지는 등 이미 두 사람의 결혼관계는 위기에 접어들었다. 결국 러셀 부부는 각자의 외도 파트너들을 텔레그라프 하우스에 불러들여 같이 살게 되는 상황이 연출된다. 러셀의 애인은 비컨 힐 학교의 교사로 일했고, 도라의 애인은 학교 업무를 도왔다. 부부관계를 유지하면서 한 지붕 아래서 서로 다른 애인과 동거를 시도한 셈이다.

내면적으로 받아들이기 어려웠지만 러셀이 그러한 불편한 동거에 동의한 이유는 그가 두 자녀를 위해 도라와의 결혼을 계속 유지하려는 생각을 가졌기 때문이다. 또 그가 강연을 통해 공개적으로 주장한 입장 중의 하나는 간통이 이혼의 이유가 되지는 않는다는 것으로 자신이 가진 이론과 행동을 일치시킬 필요도 있었을 것이다.

하지만 이런 이상한 공동체가 담보한 러셀의 두 자녀의 행복은 이루어지지 않았던 것 같다. 존과 케이트는 학교의 운영자이자 선생님이었던 자신들의 부모를 더 이상 부모처럼 여기기 어려웠다. 한 아이의 부모이기 이전에 다른 아이들의 교육을 책임진 러셀이 자신의 아이에게만 따뜻한 애정을 보일 수 없었던 상황이 가져다 준 귀결이었다. 러셀의 아이들은 자신들을 위해 만들어진 학교에서 소외감을 느꼈고, 오히려 그들에게 제공되어야 할 행복은 다른 세계의 이야기가 되어 버린 셈이다.

왕성한 정치운동과 저서 출판은 도라를 미국에도 알려지게
했고, 남편 러셀이 그러했듯이 미국에서 강연 요청을 받기도
했다. 그녀는 미국 여행 중에 그리핀 베리라는 좌파 저널리스
트를 만나 사랑에 빠진다. 러시아 여행에 동행하기도 하면서
연인관계를 유지하던 도라와 그리핀은 아기를 가지게 되고 러
셀의 동의하에 도라는 아기를 낳는다. 이러한 상황에서 러셀이
이혼을 요구하지 않은 이유는 역시 자녀들의 심리적 안정을 원
했기 때문이었다.

드러내지는 않았지만 러셀의 심정은 참을 수 없을 정도로 괴
로운 것이었고, 그 역시 도라가 고용한 가정교사였던 파트리시
아 스펜스(Patricia Spence)라는 20세의 옥스퍼드 학부생과 다시
사랑에 빠진다. 결국 다시 몇 년 전의 상황처럼 러셀은 그의 애
인 파트리시아와 두 자녀, 그리고 도라는 그녀의 애인 그리핀
과 새로 태어난 아기와 같이 살게 되는 결코 평범하지 않은 상
황이 연출된다.

이미 나이가 60에 달한 러셀로서는 이제 갓 성인이 된 젊은
대학생을 연인으로 삼는 것이 자연스러운 일이 아니었기 때문
에 파트리시아가 옥스퍼드에서 학업도 계속하고 그녀의 나이
에 걸맞은 사람을 만나게 되기를 바랐지만, 파트리시아는 러셀
의 아기를 원할 정도로 깊은 애정을 가지고 있었다. 도라와 아
기를 가질 때 그랬던 것처럼 합법적이지 않은 아이가 태어나는
것을 원치 않았던 러셀은 결과적으로 도라와의 이혼을 생각하
기에 이른다.

1932년에 러셀에 의해 시작된 이혼소송은 오랜 시간이 걸리

게 된다. 특히 도라는 러셀이 이혼소송을 제기한 것을 납득할 수 없었다. 일반적인 도덕적 기준에 따라 살아오지 않았던 도라로서는 소위 외간남자로부터 두 자녀를 얻었음에도 불구하고 러셀과의 행복한 결혼생활에 대해 추호의 의심도 없었기 때문에 도덕적으로나 정치적으로나 자신과 같은 길을 가는 동지라고 생각해온 러셀이 지난 몇 년간 자신과의 삶에서 전혀 행복하지 않았다는 사실을 결코 받아들일 수 없었던 것이다.

게다가 자녀 양육권 문제로 긴 법정 싸움 끝에 러셀과 도라 모두 양육권을 가지지 못한다는 판결과 더불어 1935년에야 매듭지어진다. 이듬해 러셀은 파트리시아와 재혼을 하고 그녀와의 사이에 콘래드라 이름 붙여진 아들을 낳는다. 콘래드는 탁월한 역사학자가 되었는데, 현재 러셀 백작 5세이다. 그의 이복형 존에게 아들이 없어서 1987년 작위를 승계한 것이다.

9. 미국의 러셀

이혼과 재혼으로 러셀의 재정 형편은 더욱 어려워졌다. 결국 그는 철학 교수직으로 복귀하려고 했는데, 이미 오랫동안 대중적인 글만을 써온 은퇴할 나이의 그에게 제의가 들어온 곳은 영국이 아니라 미국이었다. 시카고 대학으로부터 1년 계약 제의를 받은 러셀은 파트리시아와 콘래드를 데리고 미국으로 건너간다. 러셀은 시카고에서 카르납과 교유한다. 이어서 캘리포니아 주립대학(UCLA)으로부터 3년 계약을 제의받고 서부로 이사한다.

러셀과 그의 가족은 로스앤젤레스에서의 삶에 만족하지 못했고, 1940년에 이르러 러셀은 이듬해부터 뉴욕 시립대학(The College of the City of New York) 교수직을 수락한다. 그러나 뉴욕에는 그를 달갑지 않게 여기는 사람들이 있었다. 뉴욕의 기독교계의 저항에 부딪힌 것이다. 특히 윌리엄 매닝(William Manning) 주교는 무신론자이고 건전한 성도덕에 반대하는 러셀이 시 재정으로 운영되는 뉴욕 시립대학의 교수가 되는 것에 결사 반대했다.

러셀은 그의 여러 저서와 과거의 미국 강연 여행에서 공공연히 기독교에 반대하는 입장을 표명했을 뿐 아니라 결혼관계에서 간통은 묵인될 수 있어야 한다는 입장을 주장한 바 있는데, 아직 자유주의의 물결이 도달하기 한참 전인 미국의 분위기에서는 러셀의 그러한 진보적인 입장이 충분히 문제시될 수 있었다. 특히 그에 대해 좋지 않은 감정을 가진 매닝 주교와 일부 인사들은 러셀을 마치 학생들에게 간통을 권장하는 음탕하고 부도덕한 인물로 부각시키려 했다.

그러한 움직임은 결국 러셀 임용 반대시위와 지지시위를 일으킬 만큼 당시 뉴욕시의 뜨거운 감자가 되었고, 아인슈타인이나 듀이, 화이트헤드 등 저명한 지식인들과 학문의 자유를 옹호하는 대학 총장들의 지지로 1차적으로는 고등교육위원회에서 임용을 번복하지 않는 쪽으로 결론이 났다.

그러나 자신의 딸이 러셀의 강의에서 나쁜 영향을 받을 것이라는 청원을 법원에 낸 한 뉴욕 시민 때문에 러셀 임용 문제는 재검토되기에 이르고 결국 법원은 고등교육위원회에 러셀 임용 결정을 번복할 것을 판결한다. 결국 뉴욕 시장이 러셀의 급여를 시 예산에서 삭감함으로써 러셀은 뉴욕 시립대학 입성에 실패한다.

러셀이 '전형적인 미국식 마녀 사냥'이라고 표현한 뉴욕 시립대학 스캔들은 결국 그를 경제적으로 곤란한 상황에 몰아넣었다. 이미 캘리포니아 주립대학에 사표를 제출했기 때문에 졸지에 무직자가 된 그에게 그전에는 자주 요청되던 강연이나 원고 청탁도 거의 들어오지 않았다. 미국 내의 나빠진 여론 때문이었다. 하루 아침에 이국 땅에서 먹고 살 문제가 급해진 것이다.

하지만 그에게 행운이 따랐다. 철학자 듀이의 도움으로 특이한 성격의 백만장자 알버트 반스(Albert Barnes) 박사를 소개받은 러셀은 그의 재단에서 4년간 일주일에 한번씩 철학사 강의를 하고 대학에서 받던 수준의 대우를 보장하는 계약을 맺는다. 그 덕에 러셀은 1940년부터 반스 재단(Barnes Foundation)에서 강의를 하며 필라델피아 근교에서 조용한 삶을 살게 된다.

러셀에게는 참으로 이상적인 고용 상황이었지만 반스 재단과의 관계는 오래가지 못한다. 이상한 성격의 백만장자 반스는 2년 뒤에 러셀을 해고하는데, 전화위복으로 러셀은 계약위반 소송을 제기해 남은 계약기간에 상응하는 보수를 받을 수 있게 되고, 그 철학사 강의를 위해 준비했던 원고를 1945년에 책으로 출간한다. 이 책이 바로 그 유명한 러셀의 《서양철학사 (A History of Western Philosophy)》로서 미국에서 베스트셀러가 되었을 뿐 아니라 그를 재정적 부담으로부터 평생 자유롭게 하는 계기가 되었다.

재판에 재판을 거듭하며 세상에 널리 알려지게 된 이 책은
그러나 그 질적 측면에서 함량 미달의 수준밖에 되지 않는다. 1944
년 이 책의 원고를 끝내면서 러셀은 6년간의 미국에서의 삶을
정리하고 영국으로 돌아간다. 그의 마음의 고향인 케임브리지
대학으로부터 5년간의 펠로십을 제의받게 되었기 때문이다.

러셀은 미국에서 활동하는 동안 존과 케이트 두 자녀를 미국
으로 불러들여 대학 교육을 받게 한다. 존은 캘리포니아 주립
대학(UCLA)에 이어 하버드 대학에서 수학하고, 케이트 역시
래드클리프 대학을 다닌다. 제2차 세계대전이 한창이던 당시
유럽의 상황은 독일의 영국 침공이 예상되는 등 매우 불안하게
진행되고 있었기 때문에 존은 1943년 하버드를 조기 졸업하고
해군에 입대하기 위해 영국으로 돌아간다.

10. 케임브리지로 돌아온 노교수

오랜 숙원인 케임브리지로의 복귀를 이루어냈으나 이미 당
시에 러셀은 미국에서와 마찬가지로 영국의 젊은 세대 철학자
들로부터 영향력 있는 철학자로 여겨지지 않았다. 한때 자신의
제자였고 당시 케임브리지의 철학 교수였던 비트겐슈타인이 절
대적인 영향력을 행사하고 있던 것과는 대조되는 현상이었다.

특히 막 출간된 《서양철학사》는 대중적인 인기로 러셀의 여
생에 경제적 어려움을 해소해 주는 역할을 했지만, 철학자들
사이에서는 냉담한 반응도 다행일 정도로 환영받지 못했다. 철
학계의 냉담에도 불구하고 러셀은 여전히 대중적으로는 환영

받는 지식인이었다. 각종 잡지에 대중적인 글을 싣고 BBC 라디오에 출연하여 정치적이고 사회적인 문제에 대해서 강연했다.

다시 케임브리지에 정착했지만 러셀의 결혼생활은 불안정 그 자체였다. 이미 미국에서부터 러셀과의 삶에 전혀 만족하지 못했던 파트리시아는 수면제로 자살을 기도하기도 했고 오랜 기간 요양을 하기도 했다. 결국 파트리시아가 11세 된 아들 콘래드를 데리고 러셀을 떠남으로써 1949년부터 두 사람은 별거에 들어간다. 파트리시아의 러셀에 대한 증오심은 무척 깊어서 손수 콘래드를 키우면서 그가 러셀과 접촉하지 못하도록 했고, 두 부자의 재회는 러셀이 90세가 넘은 1968년에야 이루어진다.

1949년 러셀은 메리트 훈장(the Order of Merit)을 받고, 미국에서 결혼해서 돌아온 아들 존의 가족과 함께 살게 된다. 존은 이미 딸을 하나 가진 미국 여인과 결혼하여 두 자녀를 낳았는데, 같이 살면서 노년의 외로움을 달래기는 했지만 이들 가족이 행복한 삶은 산 것은 아니었다.

존은 작가로서의 삶을 추구했지만 경제적으로 자립하지 못했고, 그의 아내 역시 자녀와 가정을 잘 돌보는 책임감 있는 여성은 아니었다. 존은 작가로서 소설을 몇 편 쓰지만 그리 알려지지 않았고 결국은 아내마저 다른 남자를 만나 그를 떠나게 되면서 경제력이 없는 존은 어려움에 처한다. 아이를 키울 수 없는 상황에서 러셀은 존의 아이들이 존에 의해 키워져서는 안 된다고 판단하여 법적으로 아이들을 떼어 놓으려 하고, 그러한 와중에 존의 정신병이 발병한다.

존에게 정신병이 발병하자 러셀은 냉정하게도 그를 자식 취

급을 하지 않았다. 자립적인 생활이 어려웠던 존은 결국 어머니 도라와 함께 살면서·불행한 나날을 보내게 된다. 특히 러셀은 집요하게 병원으로부터 존이 정신병자임을 입증하려고 하나 정신병동에서 계속 지내야 할 정도로 병세가 심하지는 않았기 때문에 러셀의 시도가 성공적이지는 않았다. 러셀이 존의 문제에 그렇게 집착한 이유는 아마도 자신이 세상을 떠난 뒤 존이 작위를 물려받는 상황을 막으려는 의도 때문이었던 것으로 여겨진다.

결과적으로는 러셀 사후 첫째 아들 존이 작위를 물려받아 러셀 백작 4세가 되었고, 1987년 존이 죽자 그에게는 아들이 없었기 때문에 이복 동생 콘래드가 작위를 계승하게 된다. 존은 작위를 물려받은 뒤 상원에 참여하기는 했지만 그의 정신상태가 완전히 정상으로 돌아오지는 못했다고 한다. 존의 여동생 케이트는 다시 공부를 위해 래드클리프로 돌아가지만, 그곳에서 하버드 졸업생과 만나 결혼한 뒤 전업 주부가 된다.

러셀은 1950년에는 노벨 문학상을 받는데, 이것은 철학자로서는 베르그송에 이어 두 번째 수상이었다. 노벨상 수상은 노년의 러셀의 명성을 더욱 높여 주었다. 그에게 주어진 상금은 그의 여생을 더없이 안락하게 보낼 수 있게 해주었고, 미국으로부터의 강연 요청도 쇄도했다.

80이 가까운 나이에 미국 강연 여행을 주저하지 않았지만, 당시 미국에 불어닥친 매카시즘의 광풍을 참을 수 없었던 러셀은 미국을 나치나 스탈린 체제와 다를 바 없는 경찰국가라고 표현하곤 했고, 그에 대해 일부 부정적인 여론과 맞닥뜨리게 되었다. 어찌 되었든 러셀은 더 이상 미국에서 강연하기를 원치 않았고, 1951년을 마지막으로 미국으로 가지 않았다.

대신 그가 미국에서 마지막으로 얻은 것이 있다면 오래 전 미국 체류시에 알게 된 에디스 핀치(Edith Finch)라는 여성이었다. 그보다 29년 연하였던 에디스와 다시 사랑에 빠진 것이다. 한때 전기 작가로 활동하기도 했던 에디스는 러셀의 네 번째 부인이 되었고(1952년 12월), 러셀로서는 세 번의 실패 끝에 처음으로 매우 편안하고 무난한 결혼생활을 하게 된다. 그는 《자서전》에서 이 결혼이 자신의 기대에 만족할 만한 것이었다고 밝히고 있다.

11. 반핵운동의 기수 러셀

그의 긴 생애의 마지막 20년 동안 러셀은 반핵운동 등의 정치적 활동에 매진했다. 특히 1950년의 한국전쟁을 계기로 미국과 소련 등에 의한 핵전쟁 가능성을 우려한 그는 그러한 전쟁이 인류를 파멸로 이끌 것이라는 메시지를 널리 전파하는 데 힘썼다. 그는 주요 매체에 미소 양대 지도자들에게 공개서한을 기고하기도 했고, 아인슈타인 등 최고의 과학자들과 연대하여 핵무기 위협을 종식시키기 위한 선언을 주도하는 등 이념과 국경을 초월하여 과학자들이 앞장서서 핵무기를 사용하지 않도록 강대국 지도자들을 설득시키는 운동에 꾸준히 참여했다.

1960년대에는 뜻을 같이하는 젊은 인사들과 핵으로부터의 무장해제를 촉구하는 시민 불복종운동을 조직적으로 전개하여

1961년에는 90을 바라보는 나이에 잠시 투옥되기도 한다. 이어
서 쿠바에 미사일 기지를 구축하려던 소련과 미국의 긴장이나,
중국과 인도의 국경분쟁, 베트남전 등 국제평화를 저해하고 자
칫 핵전쟁으로 비화될 수 있는 민감한 정세에 적극적으로 자신
의 의견을 표출하고 지도자들에게 서한을 보내는 등 정치활동
을 계속했다. 1963년에는 버트런드 러셀 평화재단(Bertrand
Russell Peace Foundation)이 만들어지는데, 이 기구를 통해 각계
로부터 모금된 재정을 기초로 세계평화 활동에 사용하려는 아
이디어였다.

물론 90이 넘은 러셀 스스로 이처럼 왕성한 활동이 가능하지
는 않았다. 그의 곁에는 랄프 쇤만(Ralph Schoenman)이라는 미
국 출신의 젊은 운동가가 비서로 활동하고 있었다. 그는 노년
의 러셀을 대신하여 대외적으로 정치 지도자들을 만나는 등 활
동하였으며, 러셀이 참여했던 시민 불복종운동의 아이디어를
제공하고 그 활동을 조직화했으며 러셀 평화재단을 만든 인물
이기도 하다.

핵문제에서 러셀은 처음에는 중립적으로 시작하여 시간이
흐를수록 미국을 세계평화에 도움이 되지 않는 제국주의로 비
난하고 소련의 후르시초프나 쿠바의 카스트로, 체 게바라, 북
베트남 등에 호의적으로 변해 간다. 결국 핵무기의 위험에 대
한 문제의식보다 더 큰 것으로 미국이라는 초강대국이 세계에
미치는 악영향이라고 생각하게 된 것이다.

이러한 변화의 이면에는 쇤만의 역할이 자리잡고 있었다. 쇤
만이 주도한 러셀 평화재단의 실제 목적 역시 미국의 제국주의

에 대항하는 투쟁을 지지하고 그러한 목적에 쓰일 자금을 모으는 것이었다. 이것은 스스로 사회주의자임을 주장하면서도 평생 소련이 보여 준 공산주의에 혐오감을 숨기지 않았던 러셀에게서 결코 기대되지 않았던 입장이기는 하다.

특히 1960년대 중반부터는 러셀이 언론에 기고하거나 발표한 글들에서는 국제사회의 위협은 미국의 제국주의이며, 이것을 극복하는 길은 국제적인 체 게바라식 게릴라 운동을 통해서라고 주장하고 있다. 러셀이 미국에 반감을 지니고 있었던 것은 사실이나 초강대국 미국에 대항하는 방법으로 체 게바라식 게릴라 운동을 주장한 점에 대해서는 의아한 느낌이 든다. 따라서 이러한 글들에 접한 많은 사람들은 그것이 러셀의 입장을 대표하는 것이라고 믿지 않았고, 과거에 러셀과 뜻을 같이 했던 러셀 평화재단의 많은 지지자들이 재단과 결별하게 된다.

방대한 러셀의 전기를 쓴 레이 몽크에 의하면, 이러한 글들은 실제 쉰만이 썼고, 러셀의 동의와 서명을 얻은 뒤 기고된 것이라고 한다. 이미 90세가 넘은 러셀이 자신의 의지대로 그렇게 한 것인가에 대해서 의심할 수 있겠지만, 여러 정황으로 보아 그가 쉰만의 생각을 자신의 그것과 같은 것으로 보았다고 할 수밖에 없다는 것이다.

그런데 몽크의 기록에 따르면, 러셀의 말년을 기록한 《자서전》의 마지막 부분은 에디스에 의해 일부가 고쳐졌고, 러셀 사후에 발표된 "쉰만에 관한 비망록" 역시 에디스가 쓴 뒤 임종을 몇 달 앞두고 심신이 많이 쇠약해진 러셀에게 서명하도록 했다고 한다. 에디스가 러셀의 생애 마지막 순간에 고쳐 쓴 내용들

은 결국 러셀이 말년에 발표한 일련의 글들이 사실은 러셀의
작품이 아니라 러셀의 동의 없이 쉰만이 러셀 재단의 이름으로
발표한 것이라고 적고 있다. 즉, 에디스는 러셀이 긴 생애의 마
지막 몇 년간 쉰만과 어울려서 게릴라식 혁명운동을 주장했다
는 점을 감추고 싶었다는 것이다.

어쨌든 수학에서 철학으로, 철학에서 자유기고 및 강연가로,
그리고 다시 철학자로, 마지막에는 반핵운동가로서 삶을 이어
가던 러셀도 영원히 살 수는 없었다. 1970년에 접어들면서 기
관지염으로 고통받던 러셀은 그 해 2월 2일 마지막 부인 에디
스가 지켜보는 가운데 쓸쓸히 세상을 떠났다. 그는 자동차가
발명되기 10여 년 전에 태어나 인간이 달 표면에 첫발을 내디
딘 다음 해까지 살았다. 그의 긴 삶은 같은 시기 인류가 경험했
던 급변하고 역동적인 시간만큼이나 파란만장한 것이었다.

제 2 장

새로운 논리학, 수학의 기초, 그리고 철학

1. 논리적 방법

서양철학의 역사에서 많은 위대한 철학자들은 자신 이전의 철학과 철학자들의 방법에 결코 만족하지 못하고 나름대로 새로운 방법을 생각해 내고 그러한 방법을 기초로 새로운 철학을 선보이곤 했다.

고대 그리스의 철학자 소크라테스의 경우 이른바 소크라테스적 방법이라고 알려진 일련의 질문과 대답으로 이루어진 대화법으로 그의 철학을 피력했다. 당시 유행하던 소피스트들의 현란한 대화술은 불완전한 근거를 가지고 그럴듯해 보이는 논변을 해내는 궤변이었고, 소크라테스는 그러한 풍토를 좌시할 수 없었기에 대화의 파트너가 질문과 답변을 통해서 스스로 깨달을 수 있도록 자극하는 대화법을 발전시켰던 것이다.

근대철학의 시작을 알렸던 데카르트의 경우도 마찬가지이다. 아직 중세 교회의 영향권이 미치던 시대에 태어났지만, 데카르트는 교회를 포함한 기존의 어떠한 권위에 의존하는 방식도 용납할 수 없었다. 한마디로 학문세계에서 기존의 가치와 질서에 만족하지 못했던 것이다. 그래서 그는 과거의 모든 지식을 일단 한번 의심해 보는 의심의 방법(방법적 회의)을 통하여 모든 불확실한 요소를 제거한 뒤 확실한 지식에 도달하려고 했다.

위대한 근대철학자였던 칸트 역시 그 이전의 모든 철학에 대해 불만족스러워 했다. 그는 그의 시대의 철학이 과거에 누렸던 만학의 여왕으로서의 권위를 잃은 데 대해 통탄해하며 학문에 대한 안정적인 길을 닦고자 했다. 그의 방법은 이른바 선험적 방법이라고 할 수 있다. 구체적으로 이것은 이성주의의 시대 근대가 주창한 그 중요한 화두인 이성에 대해 이성을 이용해 비판적으로 이해해 보자는 것이다. 이성의 능력과 한계를 확고히 함으로써 제대로 된 철학의 길을 제시할 수 있다고 본 것이다.

과거에 대한 불만족에서 나온 위대한 철학자들의 이러한 행보는 현대철학에서도 고스란히 이어지고 있다. 철학자 러셀의 관심 역시 유사한 것이라고 할 수 있는데, 그는 확실한 지식을 얻고자 하는 욕망에 이끌리고 있었다. 이러한 성향은 이미 11세 때 형으로부터 유클리드 기하학을 배우면서 드러나고 있는데, 그가 《자서전》에서 소개하고 있듯이 공리들을 받아들이려 하지 않으려 했던 에피소드가 잘 말해 주고 있다.

단순화해서 표현하자면 유클리드 기하학의 체계는 정의(definition)와 공리(axiom)들을 이용하여 기하학적 지식인 정리(theorem)들을 이끌어 내고 있다. 이끌어 내어진 지식인 정리는 참인 기하학적 문장인 셈인 반면, 정의는 약속에 의해 도입된 문장이며, 공리는 받아들일 수밖에 없는 자명한 진리라고 할 수 있다. 정의의 예를 들자면 '점'이나 '선'과 같은 것이 있고, 공리의 예로는 '두 점간의 최단거리는 직선'이라는 것이 있다. 정리의 경우 유명한 '피타고라스의 정리'를 예로 들 수 있을 것이다.

중고등학교 수학 시간에 배우듯이 피타고라스의 정리는 증명을 필요로 한다. 이 때 우리가 증명에 사용하는 것은 정의에 의해 받아들여졌거나 증명이 필요 없이 자명하게 참이 되는 공리들뿐이다. 정의와 공리에서 출발하여 정리를 이끌어 낼 수 있다는 것은 뒤집어 말하면, 정리는 정의와 공리에 의해 증명될 수 있다는 이야기이다.

이 때 공리는 너무나 확실하게 참인 것으로 여겨져서 다른 증명이 필요 없이 받아들여지는 문장이며, 그것이 거짓이 되는 상황을 상상하기가 어렵다. 따라서 그 자체로는 증명이 필요 없는 확실한 문장으로서 다른 참인 기하학의 문장들을 이끌어 내기 위해서는 전제되어야 할 문장들이 공리인 것이다.

이제 소년 러셀이 보여 준 의문을 이해할 수 있을 것이다. 공리를 받아들이기를 거부한 러셀에게 유클리드 기하학을 가르쳐 준 형의 답변처럼 공리를 받아들이지 않는다면 기하학은 한 발짝도 앞으로 나갈 수 없게 된다. 하지만 러셀은 공리라는 전제를 아무 전제 없이 받아들여야 한다는 점을 인정할 수 없었던 것이다. 11세의 소년 러셀은 공리가 확실하게 참이라는 근거는 어떻게 보장될 수 있는가 하는 의문을 가졌던 것이다.

단순한 소년의 호기심을 넘어서 러셀이 철학적 주제에 대해서 관심과 의심을 가지게 된 것은 15세에 이르러서였던 것 같다. 러셀 자신의 증언에 따르면, 철학 서적을 전혀 접해 보지 못한 상황에서 혼자서 순전히 아마추어적인 철학적 사고를 하고 있었다고 한다. 그는 《나의 철학적 발전》의 앞부분에서 소년 시절 그가 암호로 적어 놓은 일기 형태의 글들을 공개함으로써 그 아마추어적 사고를 소개하고 있다.

이들에 따르면 당시 러셀의 의문은 신의 존재나 영혼의 불멸성 등과 같은 종교의 근본 교리에 관한 것들이었다. 어려서부터 할머니에 의해 기독교적으로 키워졌던 러셀로서는 종교적 메시지들이 삶의 일부처럼 여겨졌을 것이다. 하지만 성장해 가면서 그러한 메시지들은 과학적 지식과 달리 그에게 확실한 것으로 다가오지 못했고, 자신에게 확신을 주지 못하는 부분에 대한 철학적 고민들이 싹트고 있었던 것이다. 이미 소년 러셀은 종교적, 혹은 철학적 물음들에 대한 이성적 성낭화의 작업을 나름대로 하고 있었던 것이다.

그러나 그 시절 러셀의 주된 관심은 신학이나 철학이 아니라 수학이었고, 그러한 수학에 대한 관심은 케임브리지 대학 수학과에 입학할 때까지 지속된다. 그가 수학을 전공하면서 동시에 철학에 더 매력을 느끼게 되기 전까지는 그러한 확실한 지식에 도달하려는 욕구는 어느 정도 잠복기를 거치게 된다.

대학에서 철학을 공부하게 되면서 러셀 스스로가 확실한 지식에 도달하기 위해 채택한 방법은 논리적 방법이었다. 그가 수리논리학에서 시작하여 철학의 일반적 문제들로 관심의 영역이 확장되는 과정에서도 논리적 방법의 중요성은 그대로 드

러난다. 그가 남긴 가장 위대한 업적 중의 하나인 《프린키피
아》에 대한 러셀 스스로의 평가를 들어 보자.

> 이 책에서 깊이 있게 다룬 수리논리학의 전문적 방법은 나에게
> 매우 중요하고, 지금까지 철학적 모호성 속에 내버려져 있었던 많
> 은 문제들의 논의를 위한 새로운 도구를 제공할 수 있을 것으로 보
> 여진다.("Logical Atomism", 39-40)

이처럼 논리적 방법을 통해 그가 처음 시도한 것은 수학은
논리학으로 환원 가능하다는 것을 입증하는 일이었다. 이른바
논리주의(logicism)라는 용어로 대변되는 이러한 생각은 수학의
기초는 논리학이라는 주장이며, 그가 《수학의 원리》에서부터
오랜 기간 정열을 다하여 입증하고자 한 과제였다.

하지만 그의 논리적 방법은 단지 수학의 기초를 밝히는 데
국한된 것은 아니었다. 그가 철학을 바라보는 눈 자체가 그러
한 방법에 의해 주도되었다고 해도 과언이 아닌데, 그러한 생
각은 때로는 순수하게 논리 자체를 통해, 때로는 그가 논리적
방법을 체현하고 있다고 생각한 수학을 통해 개진되고 있다.
다음의 진술은 수학(논리학)에 대한 그의 믿음의 깊이를 잘 말
해 준다.

> 나는 수학에서 큰 즐거움 — 실로 다른 어떤 학문에서보다 더 큰
> 즐거움 — 을 느꼈다. 나는 수학을 물리적 세계에 적용하려는 생각
> 을 좋아했고, 언젠가는 기계의 수학처럼 정교한 인간 행동의 수학

이 나오기를 바랐다. 내가 이것을 바란 이유는 내가 증명을 좋아했고, 대체적으로 이러한 동기가 자유의지를 믿으려는 욕구를 압박했다고 종종 느꼈기 때문이다.(*Portraits from Memory*, 20)

2. 페아노의 영향

케임브리지 대학 수학과에 들어간 러셀은 당시의 그곳 분위기에 그리 만족스러워 하지 않았다. 이미 소개한 바와 같이 수학보다는 철학에 대한 관심으로 철학 서적을 읽는 것을 즐겼으며, 실제로 수학과 졸업 후에 등록한 철학과에서 더 두각을 나타낼 정도였다. 그가 독일 수학계의 성과였던 수학기초론에 지대한 관심을 가지게 된 것 역시, 그가 11세 때 유클리드의 공리에 대해 의문을 제기한 것과 같이, 수학의 철학적 측면에 대한 관심이 더 컸기 때문이었을 것이다.

러셀이 철학과 졸업 후 쓰게 된 펠로십 논문은 기하학의 기초에 관한 것이다. 하지만 그의 스승이었던 제임스 워드의 권유로 러셀은 칸트의 철학에 경도되어 있고 다분히 헤겔적인 논문을 써내는 데 성공했다. 철학에 입문할 당시 러셀은 자연스럽게 케임브리지 철학계를 풍미하고 있던 관념론의 영향 아래 놓이게 되었던 것이다.

하지만 철학적 개념에 대한 명료한 분석을 시도하면서 새로운 철학적 경향을 주도한 무어의 영향으로 러셀은 관념론에 대한 반란의 공모자가 된다. 처음에는 물리학의 기초에 대한 연구를 진행시킬 의도를 가졌지만, 이내 그러한 연구는 수학의

기초에 대한 연구가 전제되어야 가능할 것이라는 생각에 도달
하게 된다. 특히 그는 수학의 기초는 논리학 위에 세워질 수 있
다는 확신을 가지고 스스로 연구에 박차를 가한다.

러셀의 연구에서 전환의 계기는 1900년 파리에서 열린 국제
철학자대회에서 페아노와의 만남을 통해서 이루어진다. 앞의
제1장에서도 소개한 것처럼 우연히도 러셀의 펠로십 논문이 그
기회를 제공했다. 그 논문은 수정을 거쳐서 《기하학의 기초에
관한 연구》라는 제목의 책으로 1897년에 출간되었는데, 헤겔적
이기는 했지만 저명한 프랑스 수학자 푸앵카레가 리뷰 에세이
를 쓰는 등 러셀이라는 이름을 국제적으로 유명하게 만드는 계
기가 되었기 때문이다. 그 결과 1900년의 국제철학자대회에 발
표자로 초청된 것이다.

러셀이 페아노로부터 입은 영향은 실로 대단한 것이었다. 그
는 페아노의 저작을 통해서 기호논리학의 새로운 기법들을 배
우게 되었으며, 특히 수학을 논리학의 기초적 공리들로 환원시
킬 수 있도록 해주는 데 결정적인 단서를 제공하는 아이디어를
얻는다.

수학이 논리학의 토대 위에 세워졌다는 것을 밝히는 거대한
프로젝트를 구상하면서 러셀은 먼저 산수의 분야에 주목했다.
그리고 만약 그가 산수체계의 기본 요소인 자연수를 순수하게
논리적인 방법에 의해서 정의할 수 있다면, 수학의 기초는 논
리학이라는 자신의 생각을 입증하는 데 결정적일 것이라고 생
각했다. 즉, 가능한 한 최소한의 논리적 개념들을 이용하여 산
수의 기본 개념들을 정의할 수 있다면, 그것은 수학의 전 체계

60

를 논리학의 한 분과로 이해할 수 있다는 생각인 것이다.

　페아노는 이미 세 개의 기본 개념과 다섯 개의 기본 명제들을 가지고 순수하게 논리적인 방법에 의해서 자연수를 이끌어 낼 수 있다는 것을 보였다. 이 때 세 개의 기본 개념이란 정의되지 않고 사용된 용어들로서 0(zero), 수(number), 그리고 후자(successor)를 말하며, 다섯 개의 기본 명제는 산수 체계의 토대가 되는 공리들로서 다음과 같다.

　　(1) 0은 수이다.
　　(2) 임의의 수의 후자 역시 수이다.
　　(3) 어떤 두 수도 동일한 후자를 가지지 않는다.
　　(4) 0은 어떤 수의 후자도 아니다.
　　(5) 어떤 속성이 0에 속하고 또 그 속성을 가지는 임의의 수의 후
　　　　자에도 속하면, 그것은 모든 수에 속하는 속성이다.

　페아노가 이 세 개의 기본 개념과 다섯 개의 공리들을 이용하여 자연수를 이끌어 내는 방식은 다음과 같다. 먼저 1을 '0의 후자'로, 2를 '1의 후자'로 정의해 나가면서 그와 같은 정의를 계속할 수 있다. 이로 인해 무정의 개념인 0을 제외하고는 우리가 정의하고자 하는 수만큼의 수를 정의할 수 있다. 만약 내가 1부터 시작하여 정의를 계속하여 5까지 정의를 내렸다면 그 결과는 다음과 같을 것이다.

　　1 = 0의 후자

2 = 1의 후자

3 = 2의 후자

4 = 3의 후자

5 = 4의 후자

하지만 자연수가 5에서 그치는 것이 아니기 때문에 그 이상의 수에 대해서 정의가 필요하지만, 우리는 그 모든 수를 실질적으로 전부 다 정의하는 것은 불가능하다. 그래서 페아노는 (2)−(5)의 공리를 이용하여 우리가 실제로 정의할 수 없는 영역에 대해 논리적인 정의를 내린다.

먼저 (2)에 의해서 우리가 정의를 계속해 나간다고 할 때, 우리가 정의한 수는 계속해서 후자를 가지게 되며, (3)에 의해서 그 후자는 이미 정의된 수가 아니라 새로운 수가 될 것이며, (4)에 의해서 그 수는 0이 되지 않을 것이므로 계속해서 새로운 수의 계열을 만들게 된다. 즉, 무수히 많은 수들이 이어지며, 그러한 연속되는 수들을 '바로 앞의 수의 후자'로 정의할 수 있다는 것이다.

마지막으로 모든 수가 이 계열에 속한다는 것을 보이기 위해 수학적 귀납법을 이용한다. (5)에 의해서 0에서 시작하여 계속되는 후자에 의해 등장하게 되는 모든 수는 이 계열에 속한다. 이것은 0이 이 계열에 속하고, 만약 임의의 수 n이 이 계열에 속하면 n의 후자도 이 계열에 속한다는 뜻이다. 그로 인하여 모든 수는 이 계열에 속하게 된다.

러셀은 페아노의 자연수 정의에 자극받기는 했지만, 자신의 목적을 이루기 위해서는 페아노를 넘어서야 한다고 생각했다.
왜냐하면 페아노의 자연수 정의는 궁극적으로 올바른 방향을
잡았지만, 정의되지 않고 도입된 세 개의 기본 개념이 문제였
다. 러셀은 이 세 개의 기본 개념을 순수하게 논리적으로 정의
하는 것이 산수를 논리학의 분과학문으로 입증하는 데 가장 중
요한 일이라고 생각했다. 이것이 바로 그가 그의 노작《수학의
원리》를 통해서 보이려고 했던 것이다.

3. 논리로 수를 설명하다

러셀은 수를 정의하는 데 집합 개념을 이용하고 있다. 러셀
은 우리가 수를 실제로 사용할 때 언제나 집합 개념에 적용된
다는 것을 알게 되었다. 이를테면, 2는 우리가 쌍에 대해서 말
할 때 사용하는 수다. 쌍은 그 구성원이 하나일 수 없으며 언제
나 두 개의 구성원을 가지는 집합이라고 할 수 있다. 따라서 2
라는 수는 두 개의 구성원을 가지는 집합(쌍)들로 이루어진 집
합이라고 할 수 있다는 것이다. 여기서 쌍이란 다음과 같은 집
합으로 정의될 수 있다.

쌍 = 구성원이 둘인 집합

이것을 좀더 엄밀하게 표현하면 다음과 같다.

쌍 = 구성원 x와 y를 가지되 x와 y는 동일하지 않으며, 만약 그

둘 외에 z라는 구성원이 존재한다면 z는 x 또는 y와 동일
한 집합

그리고 2라는 수는 다음과 같은 집합으로 정의될 수 있다.

2 = 무한한 수의 쌍들로 이루어진 집합

이제 부딪치게 되는 문제는 다음과 같은 것이다. A와 B라는
두 집합이 있다고 하자. 사실 두 집합 모두는 쌍들로 이루어진
집합들이다. 이 경우 우리는 어떻게 이들 집합 A, B를 2라는
수와 연결시킬 수 있는가? 바꾸어 말해 우리는 두 집합이 두
개의 구성원을 가지는지 세 개의 구성원을 가지는지 어떻게 알
수 있는가?

물론 이것은 우리가 어떻게 한 집합의 원소의 개수를 셀 수
있는가의 문제로서 일상생활에서 전혀 불편함이나 어려움을
느끼지 못하는 문제다. 일상적인 셈에서는 자연스러운 습관이
기 때문이다. 하지만 순수하게 논리적인 관점에서 볼 때 우리
는 셈하는 것을 전제해서 수를 정의할 수는 없는 노릇이다. 게
다가 수를 정의하는 데 수를 사용해서도 안 될 일이다. 수를 정
의하는 데 수를 전제하거나 사용한다면 순환논법에 빠지게 되
기 때문이다.

결국 문제는 위의 집합 A와 B에서 각각의 구성원들의 개수
가 같은지 아닌지를 알기 위해서 수를 이용하여 세어 보지 않
고 알 수 있어야 한다는 것이다. 이러한 문제를 해결하기 위해

64

러셀은 일대일 대응 개념을 이용하고 있다. 이를테면 철저하게 일부일처제가 지켜지는 사회를 생각해 보면 쉽게 이해가 될 수 있다. 이 때 C를 남편들의 집합이라고 하고 D를 아내들의 집합이라고 한다면, 집합 C와 D의 구성원의 수는 세어 보지 않더라도 같다는 것을 알 수 있을 것이다. 바로 이 경우 C와 D 사이에는 일대일 대응관계가 성립하는 것이다. 이러한 일대일 대응관계를 논리적으로 정의해 보면 다음과 같은 것이 된다.

> 만약 x가 y와 어떤 관계에 있다면, 다른 어떤 항 x'도 y와 동일한 관계를 가지지 않으며, x는 y 이외의 다른 어떤 항 y'와도 동일한 관계를 가지지 않을 때, 그 관계는 '일대일'이라고 한다.(*Introduction to Mathematical Philosophy*, 15)

이제 러셀은 대등 또는 상사(相似) 개념에 대해서 설명하고 있다. 부부관계에서 남편과 아내가 일대일로 결합되는 것과 마찬가지로, 하나의 집합의 원소들과 다른 집합의 원소들 사이에 일대일 대응관계가 성립할 때, 이 두 집합은 대등하다고 한다. 그래서 위의 집합 C와 D는 서로 대등하며, 서로 동일한 수의 원소를 가진 집합들은 전부 대등하다는 것을 알 수 있다.

다시 위에서 제기된 문제로 돌아가서, 결국 각각 두 개의 구성원을 가진 집합 A와 B가 동일한 구성원을 가졌는지의 여부는 셈을 통해서가 아니라 일대일 대응관계에 주목함으로써 알 수 있게 된다. 즉, 임의의 두 집합이 같은 수의 구성원을 가졌는지를 판단하기 위해서 우리는 대등 개념을 이용할 수 있다.

즉, 수를 전제하거나 수를 이용하여 셈하는 과정을 통하지 않고 대등 개념을 이용하여 동일한 개수들로 이루어진 집합들을 열거할 수 있게 되었다.

그렇다면 이제 우리는 대등한 관계에 있는 집합들의 집합들에 대해서 이야기할 수 있게 된 셈이다. 앞에서 A와 B가 두 개의 구성원을 가지는 집합들이라고 했는데, 우리는 이들 두 집합 외에도 두 개의 구성원을 가지는 집합 모두에 대해서 말할 수 있으며, 그러한 집합, 즉 A, B와 대등한 모든 집합들의 집합을 상정할 수 있다. A와 B는 구성원이 둘이므로 이들과 대등한 모든 집합들의 묶음은 구성원이 둘인 집합들의 집합이다. 마찬가지로 우리는 구성원이 하나로 이루어진 집합들의 집합, 셋으로 이루어진 집합들의 집합, 그리고 구성원이 하나도 없는 집합들의 집합에 대해서도 생각해 볼 수 있다. 수란 바로 그러한 집합들의 집합을 의미한다.

여기서 러셀은 이제 '집합의 수'에 대해서 말하고 있는데, 어떤 집합의 수란 그 집합과 대등한 모든 집합의 집합이다. 그래서 어떤 쌍(구성원이 둘인 집합)의 수란 모든 쌍들의 집합이 될 것이다. 결국 모든 쌍들의 집합은 2라는 수가 될 것이다.

2 = 구성원이 둘인 모든 집합들의 집합

마찬가지로 세 개의 구성원을 가진 집합의 수란 세 개의 구성원을 가진 모든 집합들의 집합이 되며, 그것은 3이 된다. 구성원이 하나도 없는 집합의 수는 이른바 공집합들의 집합이 되며, 그것은 우리가 0이라고 부르는 것이다. 결국 러셀은 2뿐 아니라 다른 수에 대해서도 이러한 방법을 통해서 정의를 꾀하고 있다. 그래서 하나의 수는 그 구성원이 동수인 집합들의 집합이라고 보고 있는 것이다.

> 0 = 구성원이 하나도 없는 모든 집합들의 집합
> 1 = 구성원이 하나인 모든 집합들의 집합
> 3 = 구성원이 셋인 모든 집합들의 집합
> 4 = 구성원이 넷인 모든 집합들의 집합

그리고 궁극적으로 수 자체에 대해서도 동일한 방식에 의해 다음과 같이 정의될 수 있다. "하나의 수는 어떤 집합의 수이다."(앞의 책, 19) 이 정의는 언뜻 보기에 순환적으로 보이지만 그렇지 않다. 러셀은 수를 정의하기에 앞서 '집합의 수'에 대해 정의했었는데, 그 때 '수'라는 개념을 전제하거나 사용하지 않고 그렇게 할 수 있었다. 따라서 "하나의 수는 어떤 집합의 수"라는 위의 정의는 순환적이지 않다.

4. 벗어나고 싶은 악몽

위에서 본 것처럼 러셀에게서 수를 정의하는 데 집합 개념은 필수적이다. 그런데 《수학의 원리》를 집필하던 중 그는 이미 자신의 작업에 매우 중대한 어려움이 도사리고 있다는 것을 알게 된다. 이것이 바로 앞의 제1장에서 언급했던 '러셀의 패러독스'이다.

《나의 철학적 발전》에서 러셀은 1901년 최대 기수는 없다는 칸토르의 증명에 대해서 연구하다가 이 패러독스를 발견하게 되었다고 적고 있다.(《나의 철학적 발전》, 58) 칸토르는 집합론을 발전시킨 인물로 수학사에 있어서 획기적인 이론가가 되었지만, 러셀은 최대 기수에 대한 칸토르의 증명이 잘못된 것이라고 생각했다. 그는 이 세상에 있는 모든 것들의 수가 가능한 최대의 수임에 틀림없다고 생각했기 때문이다. 즉, 그는 일반적 관점에서 생각할 때 세상의 모든 사물들의 집합보다 더 큰 집합을 얻을 수는 없을 것이라고 생각했던 것이다.

하지만 하나의 집합의 구성원들의 일부를 서로 다른 방식으로 묶는 경우를 생각해 보면 가능한 모든 방법으로 묶었을 때, 그 묶음의 총수는 원래 구성원들의 수보다 더 크게 된다는 것을 쉽게 알 수 있다. 아마도 다음과 같은 예를 들면 쉽게 이해할 수 있을 것이다. 어느 대학에서 영어와 중국어, 일본어 외에 학생들이 자유롭게 어학을 공부할 수 있도록 비인기 외국어군에서 세 개의 과목이 개설된다고 하자. 이들 과목은 독일어, 프랑스어, 스페인어이다. 이 과목들은 특별한 제약 없이 자유롭게 학생들이 선택할 수 있는 과목이다. 그렇다면 이들 과목에 대해서 한 학생이 수강할 수 있는 선택의 가능성은 몇 가지나 될까?

먼저 한 과목만을 듣는 경우이다. 이 경우 독일어만을 듣거나, 프랑스어만을 듣거나, 스페인어만을 듣는 세 개의 가능성이 있게 된다. 다음으로 두 과목을 듣는 경우이다. 이 경우 독일어와 프랑스어를 듣거나, 프랑스어와 스페인어를 듣거나, 스페인어와 독일어를 듣는 역시 세 개의 가능성이 있다. 다음으로 세 과목 모두를 듣는 가능성도 있고, 한 과목도 듣지 않을 가능성도 있다. 따라서 모두 여덟 개의 가능성이 있다. 하지만 여기서 과목 수강의 선택 가능성이 여덟 개라는 것이지, 독일어, 프랑스어, 스페인어 외에 독일어 · 프랑스어나 프랑스어 · 스페인어와 같은 것이 또 다른 독립적인 과목이라는 뜻은 아니다.

이것을 집합의 언어로 이야기한다면, n개의 구성원을 가지는 집합은 2^n개의 부분집합을 가진다는 것이다. 그리고 이러한 상황을 칸토르의 생각에 적용하게 되면 문제가 발생할 수 있다. 왜냐하면 칸토르가 최대의 기수는 없다는 것을 증명했을 때, 그 의미는 바로 n이 무한하다고 할 경우에도 2^n이 n보다 크다는 것이기 때문이다. 러셀에게 이는 곧 세상에 있는 모든 사물의 수보다도 더 많은 수의 집합이 있다는 뜻이 된다.

위의 비인기 외국어군, 즉 비인기 외국어들의 집합을 이야기하면서 그 집합과 그 집합을 구성하는 개체를 동일한 레벨에서 다룰 수는 없듯이, 기수를 말하면서도 집합과 개체를 구분하지 않고 동일한 레벨에서 다룬다면 문제가 발생할 수 있다. 이 점을 염두에 두고 이제 러셀 자신의 문제로 돌아가 보자.

러셀은 칸토르의 증명에 대해서 고민하는 과정에서 특이한 집합에 대해서 다루게 되었다고 한다. 이제 살펴볼 것과 같이 그것은 때로는 스스로의 구성원이고 때로는 그렇지 않은 집합에 관한 것이다. 러셀은 이러한 집합이 패러독스에 빠지게 됨을 발견함으로써 칸토르에 의해 발전된 집합 개념에 결함이 있다는 것을 알게 된다. 문제는 이러한 발견이 러셀에게 치명적이었다는 것이다. 이미 설명한 바와 같이 러셀은 수를 일종의 집합으로 정의하려고 했기 때문이다.

러셀은 수를 정의하는 데 '집합들의 집합'이라는 개념을 사용했다. '집합들의 집합'이라는 개념이 암시하는 것은 하나의 집합이 다른 집합의 구성원이 될 수 있다는 것이다. 그가 수를 '집합들의 집합'으로 이해하는 것에서 보듯이 하나의 집합이 다른 집합의 구성원이 되는 것은 자연스러운 일이다. 또한 하나의 집합은, 다른 집합이 아닌, 자기 자신의 구성원이 될 수도 있어야 할 것처럼 보인다.

예를 들어, 핸드폰들의 집합은 핸드폰이 아니다. 그러나 모든 집합들의 집합은 그 자신이 집합이다. 핸드폰들의 집합의 경우, 그 집합의 구성원은 핸드폰들이며 집합 자체가 스스로의 구성원인 것은 아니다. 반면 모든 집합들의 집합의 경우, 모든 집합들의 집합 역시 집합이므로, 그 집합은 자신을 구성원으로 한다. 그렇다면 두 종류의 집합을 얻게 되는데, 하나는 '그 자신을 구성원으로 하는 집합'이고, 다른 하나는 '그 자신을 구성원으로 하지 않는 집합'이다.

이제 이 중에서 '그 자신을 구성원으로 하지 않는 집합들'의 집합에 대해서 살펴보자. 이 집합은 그 자신을 구성원으로 하는가? 만약 그렇다면 이 집합은 그 자신을 구성원으로 할 수 없다. 이 집합의 정의에 따르면, 이 집합은 '그 자신을 구성원으로 하지 않는 집합들'을 구성원으로 하기 때문이다. 그러나 이 집합은 그 자신을 구성원으로 하지 않는 것일 수도 없다. 왜냐하면 그렇게 되면 이 집합은 '그 자신을 구성원으로 하지 않는 집합들'이라는 구성원의 요건을 충족시키기 때문에 자동적으로 그 자신이 구성원이 되고 만다. 결국 이 집합은 그 자신이 스스로의 구성원이며 동시에 구성원이 아닌 것이 되기 때문에 패러독스를 일으킨다.

논리적으로 매우 간단한 패러독스이지만 알쏭달쏭하게 느껴지기도 한다. 그래서 위의 패러독스는 조금 이해하기 쉬운 다른 형태로 소개되기도 한다. 한 마을에 이발사가 한 명 있었는데, 그는 스스로 면도를 하지 않는 모든 사람에게 면도를 해준다고 하자. 그렇다면 그 이발사는 스스로 면도를 할까? 만약 그가 스스로 면도를 안 한다면, 그 이발사의 속성상 스스로 면도를 해야 한다. 하지만 만약 그가 스스로 면도를 한다면, 역시 그의 속성상 스스로 면도를 해서는 안 된다.

이것이 이른바 '이발사의 패러독스'이다. 러셀의 패러독스가 집합에 관한 패러독스라면, 이발사의 패러독스는 동일한 내용을 지니되 속성에 관한 형태라고 할 수 있다. 러셀에게 있어서 집합에 관한 패러독스는 벗어나야만 할 악몽과 같은 것이었다. 그는 처음에는 자신의 추론과정에서 실수가 있었을 것이라고 생각했으나, 그의 추론을 면밀히 검토한 결과 패러독스를 피할 수 없음을 알게 된다.

그는 이 사실을 프레게에게 편지로 썼는데, 프레게는 산수가 비틀거리고 있다는 회신을 보낸다. 사실 러셀의 발견은 매우 심각한 것이어서, 궁극적으로 프레게는 자신의 평생의 노력인 논리로부터 산수를 도출해 내려는 시도가 수포로 돌아갔음을 깨닫게 된다. 러셀 자신으로서는 당시 《수학의 원리》의 원고를 막 탈고한 상태였지만, 패러독스의 발견으로 인해 만족도는 반감되었고 해결책을 모색하게 된다.

오랜 고민 끝에 러셀이 내놓은 해결책은 이른바 '유형론(the theory of types)'이라 불리는 것으로 《수학의 원리》의 부록에서부터 아이디어가 제시된 이래 몇 차례 수정을 거치면서 발전했으며, 또 프랭크 램지와 같은 다른 철학자들에 의해서 변형된 형태가 제시되기도 하였다. 여기서는 유형론의 핵심적인 아이디어를 쉽게 설명해 보도록 하겠다.

러셀은 패러독스가 일어났던 이유를 집합이 그 자신을 구성원으로 할 수 있다는 생각 때문이라고 보았다. 그렇다면 하나의 집합이 스스로의 구성원이 되는 것을 금지한다면 패러독스는 발생하지 않을 것이다. 즉, 어떤 집합도 그 자신을 구성원으로 할 수 없어야 한다는 것이다. 하나의 집합이 다른 집합의 구성원이 되는 것은 괜찮지만, 다른 집합이 아닌 자기 자신의 구성원이 되는 것은 잘못이라는 것이다. 이러한 아이디어를 발전시켜서 러셀은 유형(타입)들의 계층을 제안하기에 이른다.

대학의 동아리를 예로 들어 보자. 동아리는 회원들로 구성된다. 즉, 동아리는 개인들의 집합이라고 할 수 있다. 그런데 동아리라는 집합은 그 구성원의 자격이 개인들에게만 주어지며, 동아리 자체가 그 동아리의 구성원이 될 수는 없는 일이다. 하지만 동아리에게도 기회는 있다. 그것은 동아리 연합회와 같은 또다른 집합의 구성원이 되는 것이다. 대학 내의 모든 동아리들이 모여서 동아리 연합회라는 집합을 구성할 수 있다. 동아리 연합회는 그 구성원으로 각종 동아리들을 포함하겠지만, 그 자신을 구성원으로 할 수는 없다.

이 경우 우리는 세 개의 유형을 구분할 수 있다. 가장 아래에 있는 유형은 개인들로 이루어져 있고, 그 위의 유형은 동아리들로 이루어져 있으며, 그리고 제일 위의 유형은 동아리 연합이다. 따라서 유형들 사이에 계층이 발생하는데, 이러한 계층을 구분하면 구성원 관계는 동일한 계층 내에서는 성립할 수 없다는 것이다. 러셀은 이러한 유형의 구분이 유지된다면 패러독스는 발생하지 않는다고 보았다.

유형론은 근본적인 해결책으로 여겨지지 않았으며, 수학을 논리학으로 환원하려는 러셀의 시도는 성공적이라고 할 수 없게 된다. 이러한 시도는 특히 후에 괴델(Kurt Gödel)의 증명으로 인해 불가능히디는 것이 증명된다. 괴델의 증명은 간단하게 말해서 참이면서도 주어진 공리에 의해서 증명될 수 없는 문장이 존재한다는 것이다. 이러한 증명은 논리학의 최소한의 공리들로부터 산수의 정리들을 이끌어 낼 수 있을 것이라는 희망을 물거품으로 만들기에 충분하다. 만약 주어진 공리들을 이용해서 증명될 수 없는 정리가 하나라도 존재한다면, 주어진 공리는 그러한 정리의 기초가 될 수 없다는 것을 의미하기 때문이다.

물론 괴델의 증명은 한참 후에 나온 것이기 때문에, 1900년대 초반의 러셀은 자신의 원대한 꿈을 쉽게 포기하지 않고 패러독스를 극복하려고 했다. 그가 자신의 스승이었던 화이트헤드와《프린키피아》를 공동 집필한 것도《수학의 원리》의 속편

으로 좀더 엄격하게 논리주의의 입장을 옹호하려는 시도였다
고 할 수 있다.

5. 존재에 대한 논리적 분석

철학자들 사이에 우스갯소리가 하나 있다. 이야기인즉, 역사
상 논리학은 그 창시자격인 아리스토텔레스 이후로는 오로지
단 한 번의 진정한 발전이 있었는데, 그것이 영국인 러셀에 의
해 이루어진 것이 우연은 아니라는 것이다.

왜 그럴까? 논리학은 세계에 대해 이야기하는 것으로 세계
가 있으면, 그 안에는 사람과 사물들이 있고(개체), 사람들과
사물들은 전부 다 조금씩 서로 다른 특징들을 가지고 있으며
(속성), 이들 사람과 사물들은 서로가 서로에게 특정한 의미를
가지고 있다(관계). 논리학은 이처럼 세계 안에서 나름대로의
속성을 가진 개체들이 서로 어떤 관계를 맺고 있는가에 대해
이야기하는 학문이라고 할 수 있다.

사실 따지고 보면 뉴스나 신문 기사들 역시 세계 안의 개체
들의 속성과 관계에 관한 기술이라는 점에서 근본적으로 논리
학이 형식적으로 다루는 바와 다를 바가 없다. 문제는 영국인
들의 특징에 있다. 고상한 연구실이나 교수 식당에 앉아서 케
임브리지 대학의 교수들이 벌이는 조크와 가십거리라는 것이
사실은 세계의 구성원들(의 속성과 관계)에 관한 이야기들이다.
동료 교수들이 앞에 있건 없건 개의치 않고 서로가 서로에게
조크와 가십을 서슴지 않았던 케임브리지의 분위기에서 러셀

과 같은 논리학에 변혁을 일으킨 인물이 나온 것은 전혀 놀랄 일이 아니라는 것이다.

물론 지금 소개한 이야기는 우스갯소리이다. 논리학사의 진정한 발전은 러셀뿐이라는 것도 진실과는 거리가 있는 과장된 이야기이다. 하지만 그 이야기는 매우 중요한 메시지를 전달하고 있는데, 그것은 바로 러셀이 자신의 철학에서 추구하고 있던 내용의 일부를 특징적으로 잘 보여 주고 있다는 것이다. 러셀 역시 논리학을 통해서 우리가 생각하는 세계에 대해서 설명하려고 했다. 그리고 그렇게 세계에 대해서 이야기할 때 가장 기본적으로 고려해야 할 요소는 도대체 그 세계에 어떤 것들이 있는가 하는 점이다.

세계에는 (사람과 사물을 포함하여) 어떤 것들이 존재하는가 하는 구성원에 대한 이러한 물음은 그리 어려워 보이지 않을지 모르지만, 러셀에게는 의외로 골치 아픈 문제로 다가왔다. 이를테면, 상식적인 관점에서, 우리가 사는 세계에 사람들이 존재한다는 것은 잘 알 수 있고 그와 더불어 사물들도 존재한다는 것도 잘 알 수 있다. 구체적인 개인이나 개별적인 사물의 존재는 눈에 보이거나 만질 수 있기 때문에 그 존재를 별 의심 없이 받아들일 수 있다.

그러나 좀 애매한 경우도 있다. 황금산(the golden mountain)과 같은 경우는 어떤가? 그것은 존재하는가? 이 세계의 구성원이라고 할 수 있는가? 눈에 보이지도 않고 만질 수도 없는 황금산은 분명 이 세상에 존재하지 않는 것 같지만, 실제로 우리는 '황금산'이라는 단어를 의미 있게 사용하고 있다. 그럴 수는 없지만 우리는 '2각형'이란 말을 사용하여 "2각형은 그릴 수 없다"고 말할 수 있다. 또 붉은악마의 응원기에 등장하는 '치우천왕(蚩尤天王)'의 경우는 어떤가? 전설 속의 상징적 존재를 우리 세계의 구성원으로 보아도 좋은가?

러셀 자신에게 이 문제는 매우 중요한 것이다. 앞서 다룬 '집합'이나 '수'의 경우는 어떤가? 그것들은 세계를 이루는 구성원인가? 《수학의 원리》를 쓸 당시만 해도 그는 수를 세계를 구성하는 존재의 일부로 보고 있었다. 하지만 집합에서의 패러독스를 발견한 이후에는 그러한 신념이 흔들리게 되었고, 집합 개념 자체를 어느 정도 필요에 의해 만들어 낸 언어적 표현으로 보게 된다. 그리고 바로 그런 심경의 변화의 이면에 '기술의 이론'이라는 러셀의 입장이 도사리고 있다.

물론 이각형이나 황금산이 존재와 관련해 문제를 일으키게 되는 것은 아리스토텔레스로부터 내려온 전통적인 형이상학의 입장 때문이다. 이 전통적인 형이상학에 따르면, 우리가 사용하는 말의 주어-술어 구조에 주목하여 주어의 위치에 오는 것은 실체, 술어의 위치에 오는 것은 그것이 속한 실체의 속성으로 분류했다. 그래서 "소크라테스는 대머리이다"라는 문장이 있으면, 주어의 위치에 있는 '소크라테스'는 하나의 실체를 나타내며, 술어의 위치에 있는 '대머리이다'는 그것이 속한 실체 소크라테스의 속성으로 본 것이다.

문제는 이 경우 실체는 반드시 독립적으로 존재하는 것인 반면, 속성은 실체에 의존하는 한에서만 의미가 있을 뿐 독립적인 것이 아니라는 점에 있다. 실로 우리는 '소크라테스'라는 말만 보고서도 그 의미를 알 수가 있지만, '대머리이다'라는 말을 보았을 때는 보충적인 설명이 없는 한 누가 대머리라는 이야기인지 알 수 없다. 따라서 문장의 주어-술어 구도에 입각한 전통적인 존재론에서는 주어에 모든 본질적인 요소들이 다 들어 있는 구도로서 주어의 위치에 오는 단어는 그것이 지칭하는 대상이 반드시 존재한다는 생각을 담고 있다.

대체적으로 주어-술어 구도에 따른 세계 이해는 그것이 눈에 보이거나 만질 수 있는 구체적인 대상들에 대해 다룰 때는 별 문제가 되지 않는다. 즉, 우리는 "소크라테스는 대머리이다"라는 문장을 통해서 역사상 실존했던 소크라테스라는 실체가 지녔던 특정한 속성(대머리임)에 대한 정보를 얻을 수 있으며, "63빌딩은 한국에서 가장 높은 건물이다"라는 문장을 통해서 실재하는 한 빌딩의 특성에 대한 정보를 얻을 수 있다.

하지만 흔히 사용되는 문장들 중에는 주어의 위치에 볼 수도 만질 수도 없는 대상을 지칭하는 경우도 있다. 이를테면 "황금산은 아름답다"나 "치우천왕은 용맹스럽다"와 같은 경우다. 전통적인 입장에 따르면, 앞의 예에서 '황금산'과 '치우천왕'은 모두 주어의 위치에 있으므로 실체들이며 반드시 존재해야 한다. 그러나 동화나 전설상의 대상을 반드시 실재한다고 볼 근거는 어디에도 없다.

그럼에도 불구하고, 이런 경우에 문제가 심각해지는 것은 설사 우리가 '황금산'이나 '치우천왕'의 존재를 인정하지 않는다 할지라도 주어-술어 구도의 존재론을 따른다면 매우 어려운 상황에 봉착하게 되기 때문이다. 즉 "황금산은 존재하지 않는다"

라고 진술할 경우에도 우리는 '황금산'이라는 단어를 통해서 존재하지 않는다고 여겨지는 무엇에 대해 지칭을 할 수밖에 없는 것처럼 보인다.

이러한 의문은 오스트리아의 철학자 마이농(Alexius Meinong)에 의해 제기되었다. 마이농은 실제로 존재한다고 볼 수 없지만 그럼에도 전혀 존재하지 않는다고도 볼 수 없는 이러한 대상들을 일단 세계의 구성원으로 받아들였다. 이것은 마치 네덜란드 출신의 축구감독 거스 히딩크에게 명예국민증 혹은 명예시민증을 부여한 것에 빗대어 설명할 수 있을 것이다. 히딩크가 실제로 한국 시민은 아니지만, 한국 정부에서는 2002년 월드컵에서의 그의 탁월한 역할과 국민들의 지지에 힘입어 한국 시민에 준한 대우를 해주려고 한 것이다.

그와 유사하게 '황금산'이 지칭하는 대상은 '소크라테스'나 '63빌딩'이 지칭하는 대상과는 격이 다름에 틀림없지만, 우리의 인식체계에서 의미 있게 쓰일 수 있기 때문에 소크라테스나 63빌딩에 준하는 존재 대우를 하여 우리 세계의 명예시민증을 줄 수 있다는 것이 마이농의 견해였던 것이다.

초기에 마이농을 깊이 연구했던 러셀은 이 문제에 대해 심각히 고민하면서도 어느 정도 마이농의 입장을 수용했던 것으로 여겨진다. 《수학의 원리》에서 그가 수의 존재를 인정하고 있는 것이 그 점을 잘 보여 준다. 또한 초기에 브래들리의 관념론에 친숙했던 러셀로서는 눈으로 보거나 만질 수는 없지만 마음의 눈에는 너무나 확실히 보인다는 점에서 수를 추상적 실재로 받아들일 수 있었을 것이다.

하지만 이러한 생각은 《프린키피아》를 준비하는 과정에서 바뀌게 된다. 우리는 '황금산'이나 '2각형'이라는 단어를 의미 있게 사용할 수 있지만, 그렇다고 해서 그들이 지칭하는 대상이 반드시 존재할 것이라고 믿을 이유는 없다. 특히 수학을 논리학으로 환원하려는 시도 아래서 러셀로서는 자칫 수학에서 사용되는 여러 복잡한 표현(개념이나 기호)들이 지칭하는 대상에 대해서 명확하게 할 필요가 있었다. 만약 수많은 수학의 개념들이나 기호들에 대해서 적절한 지시대상을 갖는 보다 단순한 개념이나 기호들로 환원시키지 못한다면, 러셀은 그들 모든 표현이 지칭하는 대상을 상정해야만 할 것이다.

그러나 만약 그런 대상들마저 존재한다면 우리의 세계는 인구밀도가 너무 높아질 것이므로 러셀은 세계의 구성원이 무한정 늘어나는 것을 막을 필요성을 느꼈던 것이다. 결국 러셀은 문제의 표현들이 대상을 지칭해야 한다는 강박관념에서 벗어나 의미 있게 쓰일 수 있다는 것을 보여 주어야만 했고, 그에 대한 대답이 기술의 이론에 의해 제시되고 있는 것이다.

6. 기술의 이론

러셀에 따르면, "황금산은 아름답다"나 "현재 프랑스 왕은 대머리이다"와 같은 문장에서 '황금산'과 '현재 프랑스 왕'은 어떤 실재를 지칭하는 표현이 아니라고 함으로써 이 세상에서 불필요한 존재를 정리하는 작업에 손을 대고 있다.

"소크라테스는 대머리이다"에서 '소크라테스'는 실제 존재했던 대상을 지칭하고 있지만, "현재 프랑스 왕은 대머리이다"에서 '현재 프랑스 왕'은 그것이 지칭하는 대상이 없다는 것이다. 우리는 단지 두 문장의 문법적 유사성에 현혹되어 '소크라테스'처럼 '현재 프랑스 왕'도 지시대상이 있어야 할 것이라고 잘못 생각해 왔다는 것이다. 러셀은 '현재 프랑스 왕'과 같은 표현을 기술구(descriptions)라고 말하면서, 이들은 자체적으로는 의미를 가지지 않는 불완전한 기호(incomplete symbols)라고 한다.

겉보기에 기술구들은 '현재 프랑스 왕'처럼 문장에서 문법적인 주어로 기능하곤 하기 때문에 마치 그들이 지칭하는 실재가 있는 것처럼 생각하게 되지만, 사실은 겉보기에만 그럴 뿐 이들 문장의 논리적 형태를 잘 분석해 보면 그들이 논리적 주어가 아님을 알 수 있다고 한다. 결국 현재 프랑스에는 왕이 없지만, 따라서 '현재 프랑스 왕'이라는 표현이 지칭하는 대상은 없지만, 그럼에도 불구하고 '현재 프랑스 왕'이 한 문장에서 의미 있게 사용될 수 있다는 것을 논리적 분석을 통해 이해할 수 있게 된다.

(1) 《웨이벌리》의 저자는 스콧이다.
(2) 스콧은 스콧이다.

위에서 (1)은 정보를 전달하는 문장인 반면, (2)는 그렇지 않다. 하지만 만약 (1)이 참이라면, 즉 실제로 《웨이벌리》의 저자'라는 표현과 '스콧'이라는 표현이 동일한 대상을 지칭한다면, 우리는 《웨이벌리》의 저자' 대신에 그 자리에 '스콧'이라는 표현을 쓸 수 있을 것이다. 그렇게 해서 얻은 문장이 바로 (2)인 것이다. 하지만 (2)는 어떠한 정보도 전달하는 문장이라고 할 수 없기 때문에 문제가 생길 수 있다. 다음의 문장을 보자.

(3) 조지 4세는 스콧이 《웨이벌리》의 저자인지 알고 싶었다.

여기서 영국왕 조지 4세가 알고자 한 것은 과연 스콧이라는 시인이 《웨이벌리》라는 작품을 썼는지의 여부일 것이다. 하지만 위에서 보았듯이 (1)은 (2)로 고쳐 쓸 수 있기 때문에, (3)에서도 역시 '《웨이벌리》의 저자' 대신 그 자리에 '스콧'이라는 표현을 쓸 수 있어야 할 것처럼 보인다. 하지만 그렇게 한다면 아래와 같이 이상한 문장이 되어 버린다.

(4) 조지 4세는 스콧이 스콧인지 알고 싶었다.

(2)는 어떠한 정보도 전달하는 문장이 아니기 때문에, (4)의 경우 조지 4세가 알아낼 수 있는 것은 아무것도 없다. 조지 4세가 스콧이 스콧인지를 알고자 그런 질문을 할 리도 만무하다. 따라서 여기에는 무슨 문제가 있음에 틀림없다. 프랑스 왕이 등장하는 다음의 예도 이상하기는 마찬가지다.

(5) 현재 프랑스 왕은 대머리이다.
(6) 현재 프랑스 왕은 대머리가 아니다.

앞의 예에서 현재 프랑스는 군주제가 아니라 공화정이기 때문에 (5)도 거짓이고, (6)도 거짓이다. 대머리인 사람들의 리스트에서 현재 프랑스 왕을 찾을 수 없으며, 또한 대머리가 아닌 사람들의 리스트에서도 현재 프랑스 왕을 찾을 수 없기 때문이다. 그런데 논리학의 고전적인 규칙 중의 하나인 배중률에 따르면, (5)가 거짓이면 (6)은 참이어야 한다. 결국 이러한 이상한 현상에 대한 해결책을 러셀은 기술의 이론을 통해 제공하고 있다.

러셀에 따르면, 앞의 (1)은 다음과 같은 분석을 통해 세 개의 문장으로 재기술될 수 있다.

> (1a) 《웨이벌리》를 쓴 사람이 있다. (There is a person who wrote *Waverly*.)
>
> (1b) 《웨이벌리》를 쓴 단 한 명의 사람이 있다. (There is only one person who wrote *Waverly*.)
>
> (1c) 《웨이벌리》를 쓴 사람은 그것이 무엇(누구)이든 스콧이라 불린다. (Whatever wrote Waverly is called *Scott*.)

즉, (1)을 분석해 보면 사실은 (1a)+(1b)+(1c)로 이루어져 있는 문장이라는 것이다. 그리고 이것을 한 문장으로 연결하여 표현하면 다음과 같은 문장이 된다.

> (1d) 어떤 것(사람)은 《웨이벌리》를 썼고, 다른 어떤 것(사람)도 《웨이벌리》를 쓰지 않았으며, 그것(사람)은 스콧이라 불린다.

그리고 이렇게 분석하고 나면 '《웨이벌리》의 저자'라는 기술구는 한 문장의 주어도 아니고, 또 실재하는 대상을 지칭하는 지시어도 아님을 알 수 있게 된다. '어떤 것'은 여러 값이 대입될 수 있는 일종의 변항이나 다름없다. 하나의 문장을 변항을 갖는 수식처럼 이해하고 있는 셈인데, 러셀은 이것을 명제함수라고 불렀다. 이제 동일한 아이디어를 적용하여 앞의 (5) 역시 다음과 같이 분석할 수 있다.

> (5a) 프랑스 왕이 있다.(There is a King of France.)
>
> (5b) 단 한 명의 프랑스 왕이 있다.(There is only one King of France.)
>
> (5c) 프랑스 왕은 그것이 무엇(누구)이든 대머리이다.(Whatever is a King of France is bold.)

여기서 중요한 것은 전통적으로 이해되어 온 문법적인 주술 구조가 논리적인 분석에는 적용되지 않는다는 것이다. 즉, 문법적인 주어라고 해서 그것이 반드시 논리적인 주어가 되는 것은 아니라는 이야기이다. 러셀은 어떤 표현이 논리적인 주어가 되기 위해서는 그것이 독립적으로도 의미를 가져야 한다고 보았다. 그러나 '현재 프랑스 왕'과 같은 기술구는 위에서 보듯이 논리적으로 분석되어 (5a)+(5b)+(5c)로 이해될 때 그 표현 자체가 해체되고 말았다.

러셀은 이러한 혼란이 일상적으로 사용하는 언어의 불명료성 때문이라고 보고, 완전한 언어의 구축을 꾀했다. 그 결과가

바로 그가 구축한 새로운 논리학인 셈이다. 그의 새로운 논리
학에서는 간단한 몇 개의 기호들을 도입함으로써 일상적으로
우리가 사용하는 문장들을 명료하게 표현할 수 있다. 이러한
이상언어의 구축에 필요한 최소한의 기호는 다음과 같다.

개체변항: x, y, z, …

명제변항: p, q, r, …

논리적 결합사: &, v, →, …

양화기호: ( ), ∃

위의 표에서 개체변항은 사람과 사물을 포함하는 임의의 개
체들을 나타낼 때 사용한다. 그래서 "철수는 남자이다"라는 표
현은 x라는 개체변항을 포함하는 명제함수 "x는 남자이다"에
'철수'라는 구체적인 개체를 나타내는 단어가 대입된 명제이
다. 또 우리는 전통적으로 술어에 해당하는 '남자이다'라는 표
현에 대해서도 기호로 표현을 할 수 있다. '남자'를 나타내는
영어 단어인 'male'에서 앞글자를 대문자로 표현하면 한 문장
의 술어를 나타내는 기호(술어 상항)로 만들 수 있다. 그렇게 하
면, 우리는 "x는 남자이다"라는 명제함수를 Mx로 표현할 수
있게 된다.

다음으로 일상적으로 사용하는 문장들이 접속사에 의해 하
나의 긴 문장으로 연결될 수 있듯이 그러한 문장들에 대한 기
호를 이용한 논리적 분석에서도 논리적 결합사가 필요하다.

'그리고'와 같은 연언(conjunction)에 대해서는 앰퍼샌드 기호(&)를 사용하여 결합하고, '또는'과 같은 선언(disjunction)에 대해서는 웨지 기호(v)를 사용하여 결합할 수 있다. 또한 '만약 ~면, ~이다'와 같은 조건언(conditional)에 대해서는 화살표(→)를 사용하여 두 문장을 결합할 수 있다. 이제 지금까지 도입한 몇몇 기호들을 가지고 다양한 문장들을 기호화할 수 있다.

(6) x는 파란색이거나 초록색이다.(x is either blue or green.)
(6)' Bx v Gx

위의 (6)은 "x는 파란색이다"라는 문장과 "x는 초록색이다"라는 문장을 선언(또는)에 의해서 결합한 문장이다. 따라서 "x는 파란색이다"를 Bx로 바꾸고, "x는 초록색이다"를 Gx로 바꾼 뒤에 선언을 나타내는 웨지 기호를 두 문장 사이에 넣으면 (6)'과 같이 되는 것이다.

이미 개체변항, 술어상항, 논리적 접속사들만으로 많은 문장들을 명제함수로 만들 수 있다. 하지만 이들 기호만으로는 우리가 사용하는 모든 문장들을 기호화하는 데 어려움이 따른다. 왜냐하면 그러한 방법으로는 개별적인 대상들에 대한 문장은 무난하게 기호화할 수 있지만, 개체들을 한데 묶어서 표현하는 "모든 사람은 죽는다"와 같은 전칭명제나 "어떤 사람들은 대머리이다"와 같은 특칭명제를 기호화하기에는 어려움이 있기 때문이다. 그래서 러셀은 양화기호를 도입하게 된 것이다.

먼저 "모든 사람은 죽는다"와 같은 문장은 사람이라고 부를 수 있는 모든 개체에 대한 문장이기 때문에 보편양화기호(universal quantifier)를 도입했다.

(7) 모든 사람은 죽는다.(**All humans are mortal.**)

여기서도 '모든 사람'이 주어의 위치에 있으므로 논리적으로도 주어라고 생각할 수 있지만, 다음과 같은 분석을 통해서 사실은 논리적 주어가 아니라 술어에 지나지 않는다는 것을 밝힐 수 있다.

(7a) 모든 x에 대해서, 그것이 인간이면, 그것은 죽는다.

(**For all x, if x is human, then, x is mortal.**)

그리고 이것은 보편양화기호인 (　)와 위에 소개한 명제함수의 기호화 방법을 이용해 다음과 같이 기호화할 수 있다.

(7)′ (x)(Hx → Mx)

다음으로 "어떤 사람들은 대머리이다"와 같은 문장을 보자. 이 문장이 의미하는 바는 "사람들 중에는 대머리인 사람들이 있다"는 것이다. 이것을 논리적으로 엄밀하게 표현하면, "모든 사람이 대머리인 것은 아니지만, 대머리인 사람들의 수가 0인 것도 아니다"라는 것이 된다. 즉 "어떤 사람들은 대머리이다"라는 문장은 정확히 몇 명의 사람이 대머리인지는 알 수 없지만 대머리인 사람이 최소한 한 명 이상 있다는 뜻이다. 따라서 '최소한 하나 이상 있다'는 포인트에 주목하여 이에 해당하는 양화기호를 존재양화기호(existential quantifier)라고 한다. 다음의 예를 보도록 하자.

(8) 어떤 사람들은 키가 크다.(Some humans are tall.)

이 문장은 사람이고 키가 큰 무엇이 최소한 하나 이상 존재한다는 것을 의미한다. 따라서 다음과 같이 풀어 쓸 수 있다.

(8a) 사람이면서 그리고 키가 큰 그런 x가 있다.

(There is an x such that x is human and x is tall.)

그리고 이것 역시 존재양화기호인 ∃와 앞에 소개한 명제함수의 기호화 방법을 이용해 다음과 같이 기호화할 수 있다.

(8)′ (∃x)(Hx & Tx)

이제 양화기호를 이용해서 일상어를 기호언어로 분석하는 방법을 알았으므로, 다시 러셀의 기술구에 대한 논리적 분석으로 돌아가 기호에 의한 분석을 시도해 보자. 그러면 "현재 프랑스 왕은 대머리이다"라는 (5)를 분석한 문장 (5a), (5b), (5c)는 다음과 같이 다시 쓸 수 있다.

(5d) 어떤 것이 존재하는데, 그 x는 프랑스 왕인 그런 x이다.

(5e) 다른 모든 y에 대해서, 만약 그 y가 프랑스 왕이라면, y는 x
와 동일하다.

(5f) 그 x는 대머리이다.

이들 각각을 기호화하면 다음과 같다.

(5d)′ ($\exists$x) Kx

(5e)′ (y)(Ky $\rightarrow$ y = x)

(5f)′ Bx

마지막으로 위의 문장들을 연언접속사인 &로 연결하면 (5)
의 기호화가 완성된다.

(5)′ ($\exists$x)((Kx & (y)(Ky $\rightarrow$ y = x)) & Bx)

결국 이 분석을 통해서 러셀은 '현재 프랑스 왕'과 같은 기술
구는 문법적으로는 주어의 위치에 있으나 사실은 술어적 표현
으로 해체할 수 있으며, 따라서 실재하지 않는 대상에 대해 언
급하는 기술구는 그 자체로 지시하는 대상이 없으므로 고립적
으로는 의미를 지니지 않지만 하나의 명제 안에서는 의미 있게
사용될 수 있음을 보였다.

일단 이런 방식으로의 논리적 분석을 받아들이게 되면, 우리
가 눈으로 볼 수 없거나 만질 수 없는 추상적 대상이나 과학적

실재에 대해 의미 있게 이야기할 수 있는 길이 열린다. 먼저 마이농의 예였던 '황금산'과 같은 대상도 우리 세계에 존재하는 대상의 목록에서 제외해도 별 문제가 없다. 구태여 그에 대해서 존재 대우를 해주지 않아도 '황금산'은 충분히 의미 있게 하나의 명제 안에서 사용될 수 있기 때문이다.

마찬가지로 우리는 보거나 만질 수는 없지만 물리학의 논의 대상인 '쿼크(quark)'에 대해서 의미 있게 말할 수 있게 된다. 즉, 누군가 손으로 지시하면서 쿼크가 무엇인지에 대해 다른 사람에게 설명해 줄 수는 없지만, 그것을 일종의 기술구로 이해함으로써 직접적인 지시대상을 확보하지 않고서도 의미 있게 말할 수 있다는 것이다.

이처럼 기술의 이론은 러셀이 수학의 기초에 대해 연구하면서 발전시킨 입장이지만, 이어서 본격적으로 전개된 경험주의에 기초한 그의 형이상학에 그대로 적용되고 있다.

제 3 장
지식의 문제: 그 영역과 한계

1. 문제의 배경

"분별 있는 사람이라면 어느 누구도 의심할 수 없는 그런 확실한 지식이 세상에 있을까?" 러셀은 《프린키피아》 이후 테크니컬한 측면을 배제하고 대중적으로 다가갈 수 있는 저술활동을 시작했다. 그는 바로 그러한 작업의 첫 결과물이라고 할 수 있는 《철학의 문제들(The Problems of Philosophy)》을 위의 물음으로 시작하고 있다. 확실성에 대한 그러한 질문은 물론 새로운 것이 아니다. 그가 애초에 수학의 기초에 대한 관심과 더불어 《수학의 원리》나 《프린키피아》를 저술하게 된 동기 중의 하나가 바로 의심스런 학문 수학을 탄탄한 기초 위에 세우려고 한 것이다. 이제 그러한 관심은 우리가 가진 세계에 대한 지식의 문제에 그대로 적용된다. 《프린키피아》에서 품었던 방대한 철학적 프로젝트를 일상언어를 이용하여 지식의 문제에 적용하려는 시도인 것이다.

이러한 확실한 지식에의 물음은 러셀 스스로 생각하기에도 가벼운 것은 결코 아니었다. 그래서 그는 위의 물음에 대하여

"처음에는 어려워 보이지 않지만, 질문할 수 있는 가장 어려운 물음 중의 하나이다"라는 진단을 내리고 있다. 실로 러셀의 철학에서 인식론, 즉 지식의 문제가 차지하는 비중은 무척 크다고 할 수 있다. 특히 1912~1919년간의 그의 입장은 매우 중요하며 영향력 있는 것이라고 평가받고 있다. 하지만 시간이 흐를수록 러셀은 자신의 초기의 입장들에 대해 회의적이 되어서, 1910년대를 거치면서 일부 입장에 변화가 있었고, 1920년대에 접어들면서는 과거의 자신의 입장들을 포기하고 새로운 입장들을 취하기도 했다.

이러한 일련의 입장 변화가 시사하는 바는 러셀 스스로 《철학의 문제들》의 도입 부분에서 말한 어려움을 여실히 보여 주고 있다고 해도 과언이 아니다. 따라서 일부 비판적인 사람들에게는 자주 입장을 바꾸는 변덕스런 철학자로 보일 수도 있겠지만, 다른 측면에서 보면 질문될 수 있는 가장 어려운 물음에 대답하려는 노련한 철학자의 고민들의 단면을 보여 준다고 평가할 수도 있을 것이다.

그에 대한 평가가 어찌 되었건 시기에 따른 입장의 변화는 러셀이라는 철학자의 인식론을 손쉽게 요약하여 소개하는 것을 어렵게 한다. 따라서 이 책과 같이 러셀 입문서의 저자로서는 98세까지 장수한 그의 인식론의 변화를 전부 다룰 수 없기 때문에 어느 시기의 입장을 지식의 문제에 대한 러셀의 주된 입장으로 볼 것인가에 대한 선택의 문제에 직면하게 된다. 논란의 여지가 전혀 없는 것은 아니지만 이 책에서는 대략 1912년부터 1919년까지의 입장을 주로 다루고자 한다.

그 이유로서 먼저 1912년은 앞에서도 보았듯이 수학적 논리학의 테크닉을 사용하지 않고 본격적으로 지식의 문제를 건드리고 있는《철학의 문제들》이 출간된 해이며, 전부는 아니더라도 이 책에서 시도된 입장들의 대강의 골격은 1918년에 발표된 "논리적 원자론의 철학(Philosophy of Logical Atomism)"에까지는 유지되고 있기 때문이다.

이 시기의 입장을 주로 다루는 또 하나의 중요한 이유는 이 시기야말로 러셀이 왕성하게 연구하였던 시기로 직업 철학자로서의 길을 포기하기 전이었다는 것이다. 물론 이 시기에도 반전운동에 적극적으로 참여한다든지 대중 강연을 하는 등 러셀이 대학 밖에서 활동하는 일은 많았지만 여전히 전문적이고 깊이 있는 철학 논문을 발표하고 있었다. 그가 프리랜서 작가 혹은 강연자로 활동하며 진지한 철학의 문제에 대한 고민으로부터 멀어지게 된 것은 1920년대에 접어들면서부터였다.

따라서 스스로 영국의 강단 철학을 이끄는 인물로 자부했던 1920년대 이전의 러셀의 저작과 입장들은 그만한 중요성과 영향력을 가진 것들이었다. 이 시기의 그의 철학적 아이디어들은 동료 철학자들과 교환되기도 했고 영향을 주고받을 수 있는 그런 것들이었다. 그는 무어에게서 영감을 얻기도 했으며, 때로는 그로부터 비판당하기도 했다. 또한 그는 자신의 제자인 비트겐슈타인에게 영향을 주었으며, 이어서 그로부터 영향을 받기도 했다. 물론 그 시기의 입장만을 소개하지는 않겠지만, 이제 러셀의 인식론을《철학의 문제들》을 중심으로 살펴보도록 하자.

2. 지식의 구분

우리의 지식이 어디에서 오는가의 문제와 관련하여 러셀은
영국 경험주의의 전통을 충실히 이어받고 있다. 즉, 모든 지식
은 경험에서 오거나 경험으로 환원될 수 있어야 한다는 입장이
다. 이러한 기본 입장을 가지고 러셀은 두 종류의 지식을 구분
하고 있다. 하나는 사물의 지식(knowledge of things)이고 다른 하
나는 진리의 지식(knowledge of truths)인데, 이들 두 지식은 각각
다시 직접적(immediate)인 것과 도출적(derivative)인 것의 두 종
류로 나뉜다.

먼저 사물의 지식에 대해서 살펴보자. 러셀은 사물에 대한
직접적 지식을 직접지(acquaintance)라고 하면서 이들 직접지는
개별자(particulars)와 보편자(universals)로 구성된다고 한다. 여
기서 러셀이 직접지라고 하는 것은 그야말로 우리가 직접적으
로 접함으로써 알게 되는 지식을 뜻한다. 그리고 직접적으로
접한다는 것은 지식의 대상과 지식의 소유자 사이에 추론과정
이나 제3자와 같은 매개물이 개입함이 없음을 의미한다.

그래서 나는 백두산이 한반도에서 가장 높은 산이라는 것을
알고 있으며 그것을 나의 지식의 목록에 포함시킬 수는 있지
만, 나는 백두산을 직접 가서 본 적은 없으므로 백두산에 대한
나의 지식은 직접지라고 할 수 없다. 반면 내가 지금 하늘에서
무지개를 보고 있다면, 내가 보고 있는 무지개의 다채로운 색
상들은 나의 직접지를 구성한다고 할 수 있다. 나의 의식과 무
지개의 색상들 사이에는 어떠한 매개물도 없이 직접적으로 관

계를 맺는 것이기 때문이다.

이러한 직접지를 구성하는 한 요소인 개별자 중에서 가장 중요한 것이 이른바 감각소여(sense-data)이다. 감각소여는 그야말로 우리의 감각에 주어진 것들로서 구체적인 대상들이라기보다는 그러한 대상을 이루는 단편적인 요소들로서 내가 그 대상을 경험할 때 내가 나의 감각기관들을 통해서 가지게 되는 감각의 파편과 같은 것들이다.

나의 눈앞에 나타나는 색채, 나의 귀에 들리는 소리, 나의 손끝에 느껴지는 촉감, 나의 코를 통해 들어오는 냄새, 나의 혀끝에 느껴지는 맛이 바로 감각소여의 예들이다. 이것은 러셀의 대선배라 할 수 있는 영국의 경험주의자 존 로크가 말한 제2성질과 유사한 것이지만, 로크의 진단과 달리 러셀에게 감각소여는 가장 직접적이고 가장 확실한 지식이라고 할 수 있다.

직접지를 구성하는 또 하나의 요소인 보편자의 예로써 러셀은 감각적 성질들, 시간과 공간의 관계, 유사성, 그리고 특정한 추상적 · 논리적 보편자들을 들고 있다. 러셀 자신도 이러한 보편자들이 어떻게 직접적으로 우리에게 알려지는지에 대해 납득할 만한 설명을 제시하지는 못하고 있긴 하지만, 시간적 선후관계나 공간적 방향성 등에 대해서 우리가 직접적인 지식을 가진다고 보았다.

또한 추상적 · 논리적 보편자란 이를테면 '모든'이나 '그리고'와 같은 개념과 관련된 것인데, 우리가 개개의 사물들을 전부 다 경험한 뒤에 '모든'이라는 보편 개념을 형성하는 것이 아니기 때문에 러셀은 '모든'이라는 개념을 가능하게 해주는 추상적인 논리적 대상을 우리가 직접 경험함으로써 알게 된다고 보았다.

물론 이러한 생각은 상식적으로 받아들이기 어려운 점이 없지 않다. 된장찌개의 구수한 냄새는 직접 맡아본 사람이 아니면 알 수 없는 것으로 아무리 설명한다 해도 경험해 보지 못한 사람에게 이해시킬 수 없을 것이다. 그 사람에게 된장찌개의 냄새를 이해시키는 첩경은 그 냄새를 일으키는 대상인 음식을 맛보게 하는 것이다. 이것은 곧 된장찌개를 구성하는 요소들 중에서 그 냄새의 감각소여들을 직접 경험하게 하는 것이다.

하지만 논리적 보편자의 경우 '모든'과 같은 개념을 가능하게 해주는 대상을 찾는 일은 쉽게 가능할 것 같지 않기 때문에 문제가 된다. 그럼에도 불구하고 러셀은 적어도 1913년까지는 이 문제에 대해 어느 정도 자신을 가지고 자신의 입장을 발전시켜 나갔지만, 제자 비트겐슈타인의 반론에 부딪혀 입장을 수정하게 된다.

다음으로 사물의 지식 중에 둘째 유형인 도출적 지식에 대해서 알아보자. 러셀은 이것을 기술지(knowledge by descriptions)라고 하였다. 일상적으로 우리가 접하게 되는 물리적 대상에 대한 지식이 바로 기술지에 해당한다. 이를테면, 우리가 경험하는 책상은 분명 기술지에 속한다. 언뜻 보기에 우리는 책상을 직접 경험한다고 여길 수 있지만 사실은 그렇지 않다. 우리는 책상을 구성하고 있는 각종 감각소여들을 직접 경험할지는 몰라도 전체로서의 사물 책상을 직접 경험하지는 않는다는 것이다.

그래서 러셀은 책상이란 이러저러한 감각소여들의 원인이 되는 물리적 대상이라고 한다. 우리는 책상을 구성하는 색깔의 파편들을 직접 경험하고, 딱딱함의 정도와 표면의 촉감을 직접 경험할 수는 있지만, 물리적 대상으로서의 책상은 직접 경험할 수 없다. 따라서 책상에 대한 지식은 감각소여들을 토대로 한 기술(descriptions)을 통해서 얻어진다. 내가 아직 가보지 못한 백두산에 대한 지식도 가본 사람 혹은 교과서 등, 누군가의 기술을 통해 얻은 기술지인 셈이다.

이제 다루어야 할 부분이 러셀의 지식의 분류에서 남은 큰 줄기인 진리의 지식에 관한 것이다. 앞서 말한 것처럼 진리의 지식 역시 직접적인 것과 도출적인 것으로 나누어진다. 먼저 직접적인 진리의 지식을 러셀은 직관적 지식(intuitive knowledge)이라고 하고, 직관적 지식을 통해 알려지는 진리를 자명한 진리라고 했다.

자명한 진리란 너무나도 명백하게 참이 되는 것이라서 그 진리성을 입증하기 위해 다른 증거나 증명이 필요 없는 진리를 말한다. 러셀은 그 근거를 우리의 직관에서 찾았던 것이다. 러셀은 이에 속하는 예로 감각에 주어진 것, 특정한 논리적 원리들과 수학적 원리들, 그리고 확실성은 좀 떨어지지만 일부 윤리적 명제들을 들었다.

자명한 논리적 원리들의 예로서는 아마도 동일률이나 모순율과 같은 원리를 들 수 있을 것이다. "A는 A다" 또는 "A는 A가 아닌 것이 아니다"와 같은 논리학의 일반원리는 의심하기 어려운 자명한 진리다. 또한 논리적 원리들에 버금가는 자명한 진리로 "2+2=4"와 같은 수학적 진리를 들 수 있다. 이처럼 논리적 원리와 수학적 원리는 증명이 아니라 직관에 의해 그 진리성을 보장받을 수 있다.

그 외에 러셀은 직관적 진리의 한 예로 윤리적 명제를 들고 있다. "모든 사람은 선을 추구해야 한다"와 같은 명제가 그러한 사례이다. 러셀은 이 경우 논란의 여지가 없지 않다는 점을 인정하고 있음에도 불구하고 자명한 진리의 예로 보고 있다.

하지만 이러한 일반적 원리들 외에 러셀은 감각에 주어진 것 역시 자명한 진리에 포함시키고 있다. 러셀은 이러한 경우를 지각의 진리(truths of perception)라고 하였다. 먼저 감각소여가 존재한다는 주장을 지각의 진리의 한 사례로 들 수 있다. 내가 시야에서 빨간색 점을 볼 때, 나는 "이러저러한 빨간색 점이 있다"는 판단을 내릴 것이다. 이 때 그러한 감각소여가 존재한다는 것을 지각하는 것은 시각의 진리이며, 그러한 지각을 토대로 내린 판단은 지각의 판단인 셈이다. 이 모두가 직관적 지식에 속한다.

마지막으로 진리의 지식의 다른 한 축인 도출적인 진리의 지식에 대해서 보도록 하자. 러셀은 도출적 진리의 지식이 자명한 진리들로부터 자명한 연역의 원리들을 이용하여 도출된 모든 것으로 이루어진다고 말한다. 이렇게 볼 때 앞서 든 기술지는 엄밀하게 말하여 직접지와 도출적인 진리의 지식 모두와 관계된다고 할 수 있다. 책상에 대한 지식을 가지기 위해 우리는 책상을 이룬다고 여겨지는 감각의 파편들을 직접 경험해야 하며, 그렇게 해서 얻은 직접지들을 토대로 연역적인 원리를 적용하여 책상이라는 물리적 대상에 대한 기술에 도달할 수 있기 때문이다. 이 점에 대해서는 후에 다시 다루기로 하자.

지금까지 러셀이 《철학의 문제들》에서 제시하고 .있는 지식의 구분에 대해서 간략하게 살펴보았다. 이 구분은 사뭇 혼동스럽고 복잡해 보이지만, 정작 우리가 러셀의 인식론에서 눈여겨보아야 할 구분은 직접지와 기술지의 구분이라고 할 수 있다. 이 구분은 단순한 구분이 아니라 앞서 소개한 기술의 이론과도 관련이 있으며, 앞으로 다룰 세계의 구성에 대한 러셀의 기획, 그리고 논리적 원자론에 이르기까지 광범위한 러셀의 논의들에 핵심적인 요소로 등장한다는 점에서 무척 중요하다고 하겠다.

3. 실재론자 러셀

앞서 기술했듯이 인식론에서 러셀의 문제의식의 출발점은 어느 누구도 의심할 수 없는 확실한 지식을 추구하는 것이다. 마치 데카르트의 출발점과도 유사한 이 문제를 놓고 러셀은 다음과 같이 말하고 있다.

> 어떤 점에서 우리는 우리들 자신과 우리들의 경험들 외에는 다른 것들의 존재를 결코 증명할 수 없다는 것을 받아들여야 한다. 세계는 나 자신과 나의 생각들과 느낌들 그리고 감각들로 이루어져 있으며, 다른 모든 것은 그저 환상일 뿐이라는 가정으로부터 어떠한 논리적 불합리성도 귀결되지 않는다. (*The Problems of Philosophy*, 22)

17세기의 철학자 데카르트 역시 가장 확실한 지식에 도달하기 위해 비슷한 고민을 했었다. 그는 '생각하는 나'의 확실성은 절대로 의심할 수 없다는 결론에 도달했지만, 나의 마음 이외의 존재에 대한 지식, 그리고 그러한 존재의 확실성에 대해서는 어려움에 봉착할 수밖에 없었다. 이제 근대철학의 아버지 데카르트는 존재하는 것은 나의 마음과 그 경험뿐이라는 입장인 유아론(solipsism)에 빠질 위기에 놓인 것이다. 결국 데카르트는 전지전능하며 지고의 선한 존재인 신을 통해 나 이외의 존재 및 그에 대한 앎의 근거를 확보하고 유아론의 덫에서 벗어날 수 있었다.

러셀의 경우는 사정이 다르다. 시기적으로 이미 데카르트 이후 300년이 흘렀고, 또 러셀 자신은 무신론자였다. 순수하게 이성적인 능력만으로 나 이외의 존재에 대해 설명할 수 있어야 했다. 그런데 위의 인용문에서처럼 만약 이 세상에 존재하는 것은 나의 마음과 나의 경험뿐이라면 그는 어느 정도 유아론을 인정하고 있는 셈이다. 즉, 유아론은 논리적으로 논박이 불가능한 입장이라는 것이다. 그러나 그렇다고 해서 러셀이 유아론자가 된 것은 아니었다. 빈약해 보이기는 하지만 그의 해법을 살펴보자.

삶의 전부가 꿈이어서 그 속에서 우리 스스로 우리 앞에 나타나는 모든 대상들을 만들어 낸다는 가정에는 어떠한 논리적 불가능성도 없다. 그러나 비록 이것이 논리적으로 불가능하지는 않지만, 그렇다고 해서 그것이 참이라고 가정할 어떠한 이유도 없다. 그리

고 사실 그것은, 우리의 삶의 사실들을 설명하는 수단으로 볼 때,
우리와 독립적인 대상들이 실제로 존재해서 그것들의 작용이 우리
의 감각을 일으킨다는 상식적인 가설보다 덜 단순한 가설이다.(앞
의 책, 22-3)

즉, 유아론이 논박 불가능하지만, 그렇다고 해서 그것을 참
이라고 여길 이유는 없다는 것이다. 우리의 일상적이고 상식적
인 경험이 보여 주는 세계의 모습을 어느 정도 받아들이는 것
이 훨씬 더 나와 내가 살고 있는 세계를 설명하는 데 쉽고 단순
한 것이라는 주장인 셈이다.

그래서 러셀은 내가 눈으로 보고, 귀로 듣고, 손으로 만지고
하는 감각적으로 경험하는 세계는 나의 마음과 독립적으로 존
재한다는 생각을 가졌다. 즉, 나의 마음은 세계를 인식하고 이
해하는 주체로서 존재하고, 나의 마음이 아닌 다른 모든 것들
역시 나의 마음이 인식하고 이해할 대상으로서 그 마음과 독립
하여 존재한다는 것이다.

일견 어려워 보이지만 이러한 생각은 일상적이고 상식적인
경험과 어느 정도 부합하는 것이다. 이러한 생각에 반하는 예
를 들어 보면 그것이 쉽게 드러난다. 만약 나의 마음과 그 마음
이 인식하는 대상으로서의 책상이 서로 독립적인 것이 아니고
대상으로서의 책상이 나의 마음에 의존하는 것이라면, 내가 본
책상은 나의 마음에 영향을 받는 존재라는 것이다. 이런 입장
을 관념론(idealism)이라고 하는데, 이것을 강하게 밀고 나가면
내가 본 책상은 나의 마음이 만들어 낸 대상이라는 주장에 이

르게 된다. 그래서 내가 책상이 있는 방에서 나와 다른 장소로 이동하게 되면 내가 조금 전에 경험한 책상은 존재하지 않게 된다. 나의 마음은 지금 다른 장소에서 다른 대상을 만들고 있기 때문이다. 하지만 일상적이고 상식적인 입장에서 조금 전까지 내 눈앞에 있었던 책상이 내가 자리를 옮김과 동시에 갑자기 존재하지 않게 된다는 것은 받아들이기 어려운 입장이다.

러셀 자신 철학에 입문할 당시에는 영국 철학의 주류를 형성하고 있던 관념론의 세례를 받았으나 동료 철학자 무어의 영향으로 관념론에서 탈피하게 된다. 그래서 나의 마음과 책상은 서로 독립적으로 존재한다는 주장을 하기에 이른 것이다. 책상의 존재를 마음과 독립적으로 존재하는 물리적 대상으로 보는 이러한 입장을 실재론(realism)이라고 한다.

이제 이러한 실재론적 입장에 입각해서 러셀의 논의를 살펴보도록 하자. 러셀이 처음부터 품었던 물음은 확실한 지식에 관한 것이다. 앞에서 실재론자 러셀이 말하고자 했던 것은 나의 마음 이외에 확실한 존재에 대한 지식을 얻으려는 시도였다. 이제 좀더 논의를 엄밀하게 진행시켜 보자.

내가 책상을 보고 인식하는 과정에서 절대적으로 확실한 것은 무엇인가? 내가 책상을 볼 때, 엄밀하게 말하면 내가 보는 것은 물리적 대상으로서의 책상은 아니다. 나의 눈에 들어오는 것은 물리적 대상으로서의 책상을 구성하고 있을 것으로 여겨지는 요소들이다. 아마도 1차적으로 들 수 있는 예로 색채나 모양 등을 들 수 있을 것이다(물론 손으로 만졌다면 촉감이나 딱딱함 등을 들 수 있을 것이다). 그래서 내가 책상을 볼 때 나는 특정한 색채, 이를테면 갈색을 본다. 이처럼 나는 하나의 물리적 대상을 보는 것이 아니라 그 물리적 대상이 우리의 마음에 일으키는 색채의 파편을 경험하게 되는 것이다.

앞에서 말한 것처럼 러셀은 이러한 감각의 파편을 감각소여라고 하였다. 그리고 이러한 감각소여가 우리에게 주어진다는 것은 바로 우리의 마음과 독립적으로 존재하는 물리적 대상이 있다는 것의 신호라고 주장한다. 이 물리적 대상은 어쩌면 우리가 경험하는 감각소여들과는 전혀 다른 것일지도 모르지만, 여전히 우리가 경험하는 감각소여의 배후에서 우리에게 자신들의 존재의 신호를 우리에게 보내 준다고 한다.

> 어떤 추론과정이나 진리의 지식에 의해 매개되지 않고 우리가 어떤 대상을 직접적으로 인지할 때, 우리는 그 대상을 직접 경험한다고 하겠다. 따라서 책상의 나타남과 더불어 나는 그 책상의 현상(appearance)을 구성하는 감각소여 — 즉 색채, 모양, 견고성, 유연성 등등 — 를 직접 경험한다. 이 모든 것들이 바로 내가 그 책상을 보고 만지고 할 때 직접적으로 의식하는 것들이다.(앞의 책, 46)

이 때 우리는 물리적 대상 자체를 경험할 수는 없기 때문에 그 존재에 대해서 절대적 확실성을 부여할 수 없다. 그러나 물리적 대상의 신호인 감각소여의 경우는 다르다. 우리는 감각소여를 직접 경험할 수 있으며, 그것은 우리의 감각에 주어지는 것이기 때문에 경험자는 그에 대한 원초적 확실성을 가질 수 있는 것이다. 결국 확실성을 확보할 수 있는 것은 색의 파편,

소리의 파편, 냄새의 파편과 같이 우리의 감각에 직접적으로 주어지는 것이며, 그러한 감각소여를 우리에게 보내 주는 물리적 대상의 존재는 감각소여만큼의 확실성을 가진다고 볼 수 없다.

감각을 경험하는 주체에 대해서도 동일한 논리를 적용시킬 수 있다. 책상을 본다고 했을 때 그 책상을 보는 것은 나이므로, 경험의 주체로서의 나, 즉 자아는 확실한 존재여야 할 것처럼 보인다. 하지만 이것 역시 엄밀히 따져 보면 문제가 될 수 있다. 진정한 존재로서의 나는 물리적 대상으로서의 책상만큼이나 경험하기 어려운 존재다. 왜냐하면 일상적으로 우리는 "나는 책상을 보면서 갈색 파편을 보고 있다"라고 말하곤 하지만, 정확히 말한다면 "나는 갈색 파편을 보고 있다"가 아니라 "갈색 파편이 보여지고 있다"라고 말해야 할 것이기 때문이다.

그 이유는 앞의 경우처럼 말할 때, 우리는 은연중에 '갈색 파편을 보고 있는 사람'을 전제하고 있기 때문이다. 누군가가 갈색 파편을 보고 있다 해도 별 문제가 될 것은 없지만, 그 누군가의 존재의 근거가 무엇인지 제시할 수 없다면 매우 심각한 문제일 수 있다. 러셀은 영국의 경험주의의 전통을 충실히 이어받아 모든 지식이 직접적으로 경험되거나 그렇지 않으면 경험으로 설명할 수 있어야 한다는 입장이었기 때문에 '갈색 파편을 보고 있는 사람' 역시 직접 경험되거나 경험으로 설명할 수 있어야 한다.

그러나 바로 그 경험의 주체로서의 나는 직접 경험되는 대상으로 보기 어려워 보인다. 왜냐하면 지금 갈색 파편을 보고 있는 그 누구는 순간적인 존재일 뿐 과거나 미래에도 동일한 그 누구로 존재했거나 존재할 것인지에 대해서는 알 수 없기 때문이다. 따라서 정확하게 말하면, 경험의 주체에 대해서 말할 때 원초적 확실성을 보장받을 수 있는 것은 개별적인 사고와 느낌들뿐이다.

물론《철학의 문제들》에서 러셀은 그러한 나, 즉 자아의 위치가 불분명하다는 생각의 여지를 남겨 두기는 했지만 자아를 여전히 직접지의 대상으로 남겨 두었다. 시간이 흐르면서 결국 러셀은 자아를 직접지의 대상에서 제외하게 되는데, 이것은 한편으로는 그의 인식론에서의 중요한 변화와 관련이 있으며, 다른 한편으로는 러셀이 영국 경험주의의 선배인 흄에 얼마만큼 가까이 접근했는가의 문제와 관련이 있다. 이 문제는 뒤에 다시 다룰 기회가 있을 것이므로 그 때 자세히 살펴보도록 하자.

결국 위에서 '나의 마음'과 그것과 독립적으로 존재하는 '책상'을 구분했는데, 러셀에게서 진정 확실한 지식은 정신적 실체로서의 '나의 마음'도 아니고 물리적 실체로서의 '책상'도 아니다. 확실한 것이 있다면, 그것은 내가 책상을 보는 순간의 개별적 감각과 그 감각에 주어진 것뿐이다.

러셀은 이처럼 우리의 직접 경험의 개별적 감각과 그 내용이야말로 가장 확실한 지식이라고 보았으며, 바로 이러한 확실성을 우리가 가지는 세계에 대한 지식 전체로 확장시켜 나가는 토대로 삼으려고 했다. 물리적 대상으로서의 책상은 물론 책상에 대해 우리가 가지는 감각소여보다는 확실성이 떨어지겠지만, 책상에 대한 지식이 확실한 지식인 감각소여로부터 논리적인 추론을 통하여 구성된 것이라면 그 지식의 근거는 충분하리라고 생각했던 것이다.

이러한 입장은 내가 설사 경험하지 못하는 부분이 있어서 확실성이 떨어지는 부분이 있다 하더라도, 만약 그러한 부분이 내가 직접 경험한 부분을 기초로 하여 차곡차곡 쌓아올려진 지식이라면 어느 정도의 확실성을 확보한 지식으로 여길 수 있다는 생각인 것이다. 러셀의 이러한 생각을 뒷받침해 주는 도구가 바로 직접지와 기술지의 구분이다.

4. 직접지와 기술지

전통적으로 경험주의가 가진 난점 중의 하나는 과연 우리가 가지는 모든 지식이 경험을 통해 얻어진 것이라고 할 수 있는가 하는 것이다. 실제로 우리의 지식 중에는 우리가 결코 경험해 본 적이 없는 것들에 대한 지식도 많이 있고, 어쩌면 앞으로도 절대로 경험할 수 없는 것들에 대한 지식도 있다.

이를테면, 둥근 사각형과 같은 대상이 그렇다. 우리는 정의를 통하여 개념적으로 둥근 사각형에 대한 이해에 도달할 수는 있지만 둥근 사각형을 직접 경험할 수는 없다. 아마 앞으로도 불가능할 것이다. 하지만 경험할 수 없다고 해서 우리가 둥근 사각형에 대한 지식을 가지지 않는다고 말할 수는 없다.

피자라는 음식의 경우도 한 예가 될 수 있다. 식생활이 서구화되기 이전 대부분의 한국인들은 피자라는 음식을 먹어 본 적이 없었다. 그러나 그렇다고 해서 피자라는 음식에 대한 지식마저 없었다고 말할 수는 없다. 사전이나 요리책 또는 필름 등을 통해서 피자라는 음식에 대한 지식을 가질 수 있었다.

이러한 경험주의에 대한 잠재적 위협 요소를 제거하기 위해서 전통적 경험주의자들은 나름대로의 방책을 가지고 있었다. 그것은 경험할 수 없는 것들은 경험할 수 있는 것들로 환원하는 것이다. 쉽게 말하면, 경험할 수 없는 것들도 자세히 살펴보면 경험할 수 있는 것들로 이루어져 있다고 말하는 것이다.

예를 들어 살펴보자. A, B, C라는 대상이 있다고 하자. 이때 우리는 A와 B에 대해 경험을 통해 알 수 있지만, C는 경험할 수 없는 대상이라고 하자. 경험주의자들은 우리가 C에 대한 지식을 가질 수 있음을 보여야 했다. 그들의 해법은 C만 놓고 보면 우리가 절대 경험할 수 없지만, 자세히 C를 살펴보면 그것이 A와 B로 구성되어 있다는 것을 알 수 있다는 것이다.

경험주의 철학자 로크는 이른바 단순관념(simple ideas)과 복합관념(complex ideas)을 구분함으로써 그러한 생각을 구체화시켰다. 우리가 경험한 내용인 관념을 이렇게 둘로 구분하면, 위에서 든 둥근 사각형에 대해서도 잘 설명할 수 있게 된다. 즉, 우리는 복합관념인 둥근 사각형을 볼 수 없지만 곡선이나 원을 본 적이 있으며, 사각형을 본 적도 있다. 즉, 둥근 사각형이 보다 단순한, 그리고 반드시 우리가 경험해야만 알 수 있는 관념들로 이루어져 있다고 말함으로써 로크는 경험주의의 잠재적 난점으로부터 벗어날 수 있었던 것이다.

이 문제에 관한 한 러셀도 예외는 아니었다. 러셀 역시 경험주의자이기를 자처한 이상 우리가 직접 경험할 수 없는 영역에 대한 지식의 근거를 확보할 필요가 있었다. 수리논리학에서 시

작했던 러셀은 이른바 직접지와 기술지의 구분과 논리적 구성
이라는 방법을 통하여 이 문제를 해결하려고 했던 것이다.

　먼저 직접지(knowledge by acquaintance)에 대해서 살펴보자.
앞에서 우리는 지식의 종류에 대해서 다루면서 사물의 지식
(knowledge of things)과 진리의 지식(knowledge of truths)에 대
해서 보았다. 러셀이 이렇게 구분하기는 했지만, 경험주의자였
던 그에게서 이 두 종류의 지식은 모두 직접지(acquaintance)에
기초하고 있는 것이다. 즉, 그러한 구분의 기준이 되는 것은 우
리가 무엇에 대한 지식을 가지는가 하는 것이며, 사물에 대한
지식을 가지건 진리에 대한 지식을 가지건 모든 지식의 기초는
직접지에 있다는 것이다.

　이러한 직접지의 대표적인 사례는 이미 설명한 바와 같이 감
각소여라고 할 수 있다. 감각소여는 우리가 사물에 대한 지식
을 가질 때 직접 경험을 통하여 얻어지는 것이다. 하지만 만약
감각소여가 직접지의 유일한 사례라면 아마도 우리의 지식의
범위는 무척 좁아지게 될 것이다. 우리는 그저 현재의 우리의
감각에 나타난 것만을 알 수 있다는 이야기가 되기 때문이다.
따라서 우리는 감각소여 이외의 직접지에 대해서 알아보아야
한다.

　감각소여 외의 첫 번째 확장으로 러셀은 기억에 의한 직접지
를 들고 있다. 우리가 종종 보았거나 들었거나 아니면 다른 방
식으로 감각에 주어졌던 것에 대해 기억한다는 것은 명백하다.
러셀은 그러한 기억에서 비록 그것이 과거의 일이지만 우리가
기억하는 것에 대해 직접적으로 인식한다고 말한다. 그리고는

이러한 기억에 의한 직접지가 과거와 관련된 우리의 모든 지식
의 소스라고 주장한다. 기억에 의한 직접지 없이는 과거에 대
한 어떠한 지식도 있을 수 없다는 것이다.

직접지의 두 번째 확장은 내성(introspection)에 의한 것이다.
앞에서는 주로 책상의 감각소여와 같은 사물과 관련된 것에 대
해 말했는데, 우리는 그런 사물 외에 우리의 마음에 대해서도
무엇인가를 알 수 있다. 이를테면, 내가 책상을 보면서 갈색의
감각소여를 가질 수도 있지만, 나는 또한 내가 책상을 보고 있
다는 것에 대해서도 알 수 있다. '내가 책상을 보고 있음' 역시
내가 직접적으로 경험하는 직접지의 대상이 될 수 있다는 것이
다. 또한 나는 배가 고플 때 '내가 배고파하고 있음'에 대해 직
접지를 가질 수 있으며, 내가 슬플 때 '내가 슬퍼하고 있음'에
대한 직접지도 가질 수 있다.

이처럼 우리는 우리의 마음속에서 일어나는 것에 대해서 직
접적으로 인식할 수 있는데, 러셀은 이러한 직접지를 자기의식
(self-consciousness)이라고 하였다. 자기의식은 정신적인 것에
대한 모든 지식의 소스가 된다.

그런데 정신적인 것에 대한 지식의 원천인 자기의식은 그야
말로 나 자신의 마음속에서 일어나는 사건들에만 해당하는 것
이며, 다른 사람들의 마음속에서 일어나는 것들에는 해당되지
않는다. 나는 다른 사람들의 마음속에서 일어나는 사건들에 대
해서 직접적인 지식을 가질 수 없다. 엄밀하게 말하면, 직접적
인 지식뿐 아니라 다른 사람들에게 마음이 있다는 것에 대해서
는 지식을 가진다고(즉, 안다고) 말할 수 없다.

물론 우리들은 다른 사람들의 신체에 대해서는 알 수 있는데, 그것은 그들의 신체와 연결된 감각소여들이 우리의 직접 경험에 주어지기 때문이다. 그러나 다른 사람들의 마음의 존재에 대해서 우리는 어떠한 직접지도 가진다고 할 수 없기 때문에 확실한 지식에 도달할 수 없다는 것이다.

그렇다면, 감각소여를 직접 경험하거나 기억을 해내거나 내성을 통해서 얻을 수 없는 대상에 대한 지식은 어떻게 얻을 수 있을까? 이러한 물음에 대한 러셀의 답변이 바로 그가 기술지(knowledge by descriptions)라고 불렀던 것이다.

기술지라고 할 때의 '기술'이라는 용어는 이미 우리가 기술의 이론을 통해 살펴본 바 있는데, 실제 러셀이 이 용어를 사용할 때는 두 종류의 기술을 구분하고 있다. 하나는 애매한 기술(ambiguous descriptions)이고, 다른 하나는 한정기술(definite descriptions)이다. 영어에서 어떤 사람이라는 의미를 가지는 'a man'과 같이 주로 부정관사와 더불어 쓰이는 단어나 구의 경우가 애매한 기술의 예이고, 철가면을 쓴 사람이라는 뜻을 가지는 'the man with the iron mask'와 같이 정관사와 더불어 쓰이는 단어나 구의 경우가 한정기술의 예이다. 여기서 문제가 되는 경우는 한정기술(구)이다. 앞에서 설명한 기술의 이론에서 보았듯이, 기술구가 지칭하는 대상을 우리가 직접 경험할 수는 없지만 그것이 무엇을 의미하는지는 알 수 있다. 그래서 일반적으로 우리가 책상, 컴퓨터, 텔레비전 등과 같은 일상적으로 접하게 되는 물리적 대상들로부터, 전자, 쿼크, 초음파 등과 같이 감각적으로 경험되지 않는 대상들, 그리고 대한민국의

차기 대통령, 서울에서 부동산을 가장 많이 소유한 사람 등과
같이 아직 알려지지 않았거나 어렵지만 알아낼 수 있는 그런
대상들에 이르기까지, 이러한 영역에 속한 대상에 대한 지식은
직접적인 경험에 의해서는 얻어질 수 없지만 기술(구)를 통해
얻어질 수 있다.

　이제 살펴볼 문제는 어떻게 물리적 대상인 책상과 같은 존재
에 대해서 우리는 기술에 의한 지식을 가질 수 있게 되는가 하
는 점이다. 아주 상식적인 관점에서 볼 때 우리는 책상에 대해
서 직접 경험할 수 있다고 생각하기 쉽다. 나는 책상을 볼 수
있으며 만질 수도 있기 때문이다. 그러나 앞에서 이미 설명한
바와 같이 그러한 생각은 잘못된 것이다.

　물론 나는 책상을 볼 수 있으며, 만질 수도 있다. 하지만 그
것은 언제나 책상이 지니고 있는 하나의 단면일 뿐이며, 전체
로서의 책상에 대해서 우리는 직접적인 경험을 가진다고 할 수
없다. 내가 책상을 볼 때, 나는 언제나 나의 시점에 비친 책상
의 모습만을 볼 수 있다. 내가 마주하고 있는 책상의 반대쪽 모
습에 대해서 나는 관찰할 수 없다. 내가 반대쪽 모습을 보기 위
해 몸을 움직인 뒤 다시 관찰한다면, 그 때 내가 볼 수 있는 것
은 역시 그쪽 면뿐이다.

　이것이 말해 주는 것은 결국 내가 책상을 본다고 할 때, 나의
시각경험에 들어오는 정보는 그 책상에 대한 특정 시간과 특정
관점의 감각소여인 것이다. 같은 시간 동일한 책상을 다른 사
람이 보았다면, 그의 시각경험에 들어오는 정보는 나의 것과
다를 것이다. 그의 관점이 나의 그것과 다를 것이기 때문에 내

가 가지는 감각소여와 같은 것을 가진다고 볼 수 없을 것이다. 따라서 나의 감각소여는 나의 사적인 공간(private space)에 위치한다. 본질적으로 감각소여는 사적이라는 것이다.

결국 내가 책상을 본다고 할 때, 나는 물리적 대상으로서의 책상을 직접 경험하는 것은 아니라는 이야기이다. 내가 직접 경험하는 것은 사적인 감각소여들뿐이기 때문이다. 자, 그렇다면 결코 사적인 것이라고 할 수 없는 물리적 대상으로서의 책상은 어떻게 우리에게 알려질 수 있는가? 러셀의 답변은 그것은 기술에 의한 것이지만, 기술을 통해 알려지는 지식은 궁극적으로 우리가 직접 경험한 것에 기초하고 있다고 한다.

앞서 로크의 단순관념과 복합관념을 설명할 때, 우리는 대상 A, B, C 중에 경험을 통해서 알 수 있는 대상은 A와 B뿐이고, C는 경험할 수 없지만, 만약 C가 A와 B로 구성되어 있다면 C에 대해 직접 경험하지 않고서도 C에 대해 알 수 있다고 말했다. 러셀의 경우도 마찬가지로 물리적 대상으로서의 책상은 직접 경험할 수 없지만, 우리가 가지는 무수히 많은 감각소여들을 토대로 논리적 구성의 결과인 기술을 통하여 책상의 존재에 대해서 알 수 있다는 것이다.

결국 직접지와 기술지의 구분을 통한 지식의 논의에서 러셀이 의도하는 방법은 이른바 환원(reduction)과 구성(construction)의 이중적 구조를 가지고 있다. 우리가 인식하는 세계에 대한 경험적 근거를 확보하기 위해 먼저 지식의 대상을 원초적 확실성을 가지는 감각소여와 같은 직접지들로 쪼개어 환원하고, 그러한 확실한 지식의 파편들을 토대로 다시 직접 경험되지 않는 영역으로 논리적 추론과 같은 구성의 방법을 통하여 외부세계에 대한 지식에 도달하려 한 것이다.

이러한 환원과 구성을 통하여 우리가 기술지를 가지게 될 때 실질적으로 우리가 알게 되는 것은 명제를 매개로 한 것이다. 즉, 우리는 물리적 대상 책상에 대해서 안다고 통상적으로 말하지만, 우리가 아는 것은 책상 자체라기보다는 책상이라는 기술을 포함한 명제에 대한 것이다. 그래서 엄밀하게 말해서 기술지는 러셀이 사용한 영어의 원래 표현대로 기술에 의한 지식(knowledge by descriptions)이라고 해야 옳다.

결국 우리가 책상이라는 기술이 포함된 명제를 말할 때 그 명제 자체가 실제로 물리적 대상 책상에 대한 우리의 경험을 말하는 것은 아니지만, 책상이 우리에게 보내는 신호라고 여겨지는 감각소여들에 대한 직접 경험을 토대로 구성된 기술을 포함하고 있다는 것이다.

그래서 "이 책상은 갈색이다"라는 명제는 우리가 직접 경험한 것에 기초해서 참이 된다는 것이다. 물론 이 때 러셀은 우리가 이 명제 자체를 직접 경험하는 것은 아니므로 명제를 안다고 말할 수는 없고 단지 그 **명제가 참**이라는 것을 안다고 말한다.

이처럼 책상과 같은 일상적인 대상뿐 아니라 전자나 초음파와 같은 감각적으로 경험할 수 없는 대상, 그리고 대한민국의 차기 대통령과 같은 기술(구)들이 지칭하는 대상에 대한 지식도 우리는 가질 수 있다. 러셀이 기술지라고 한 것이 바로 여기에 해당한다. 이로써 직접지와 기술지의 구분을 통해서 러셀은 환원과 구성의 방법을 통한 인식론의 지도를 확립하려고 한 것이다. 그는 이 과정에서 가장 중요한 요소를 다음과 같이 설명하고 있다.

> 기술을 포함하는 명제의 분석에서 근본적인 원리는 이것이다. 우리가 이해하는 모든 명제는 전적으로 우리가 직접 경험하는 구성요소들로 이루어져야만 한다. (앞의 책, 58)

5. 논리적 대상은 직접지의 대상인가?

《철학의 문제들》이후 러셀이 준비하고 있던 야심찬 계획은 본격적인 지식의 이론에 대해 저술하는 것이다.《철학의 문제들》이 지식 이론에 대한 스케치라면, 이제 러셀은 새로운 계획에 대하여 그 스스로《수학원리》이후 첫 번째 중요한 철학적 저술이라는 의미를 부여하고 있었다. 그러나 1913년 한 달만에 350면에 달하는 원고를 써 내려가 계획했던 저술의 3분의 2 이상을 완성한 러셀은 더 이상의 집필을 포기하고, 이 원고는 첫 100여 면만 학술지《모니스트》에 부분적으로 출간되었을 뿐 미출판 원고로 남게 된다.

물론 "1913년 원고"로 후에 알려진 이 저작은 러셀 사후 10여 년이 지난 1984년《지식의 이론》이라는 제목으로 뒤늦게 출판되었다. 이 책의 존재가 알려지기 전까지 러셀 연구자들은 1912년의《지식의 문제들》과 1914년 이후의 저작에 나타난 러셀의 일부 입장의 변화에 대해 의아해 했다. 앞의 2절에 제시한 것과 같이 러셀은 1910년대 초기에 직접지의 목록에 추상적·논리적 보편자를 포함시키고 있었다. 그러나《외부세계에 대한 우리의 지식》에는 논리적 보편자가 등장하기는 하지만 그에 대해 우리가 직접 경험한다는 설명은 제시되지 않고 있다. 분명히 입장의 변화가 있지만, 연구자들은 어떤 배경에서 그러한 입장의 변화가 일어났는지 알 수가 없었다.

바로 그러한 궁금증을 풀어 줄 열쇠가 "1913년 원고"에 담겨져 있었다. 이 원고에서 러셀은 1912년의 입장을 좀더 구체적이고 본격적으로 발전시키고 있었다. 그 당시 그는 자신이 마치 아들처럼 총애하던 제자 비트겐슈타인에게 자신의 원고를 보여 주었는데, 제자의 비판은 스승의 위치를 매우 위태롭게 할 정도로 신랄한 것이었다고 한다. 물론 그 비판이 근거 없는 것이었다면 별 문제 없었겠지만, 러셀은 비트겐슈타인의 공격을 심각하게 받아들였고 낙담한 나머지 결국은 나머지 3분의 1에 해당하는 원고의 집필을 포기하고 말았다는 것이다.

러셀이 스스로 회복하는 데 상당한 시일이 걸렸다고 술회한 비트겐슈타인의 비판이 어떤 내용이었는지에 대해서 간략하게 살펴보도록 하자. 앞서 살펴본 것과 같이 러셀은 우리가 하나의 명제를 이해하기 위해서는 반드시 그것이 직접 경험할 수 있는 구성요소를 포함하고 있어야 한다고 했다. 그런데 명제들 중에는 다음과 같이 사람이나 사물의 관계를 포함하는 것들이 있다. "소크라테스는 플라톤 이전에 태어났다"와 같은 명제가 그렇다. 이 경우 '소크라테스'라는 개체와 '플라톤'이라는 개체에 대한 경험을 기초로 하여 명제를 이해할 수 있을 것처럼 보인다. 그러나 '이전에 태어났다'라는 두 대상의 관계를 나타내는 표현의 경우 두 대상의 위치에 따라서 의미가 정반대가 될 수 있다. 즉 "소크라테스는 플라톤 이전에 태어났다"라는 명제 와 "플라톤은 소크라테스 이전에 태어났다"라는 명제는 서로 정반대되는 의미를 가진다.

따라서 이 두 명제의 차이를 설명하기 위해서 러셀은 우리가 '소크라테스'나 '플라톤'과 같은 개체에 대한 경험은 물론 '이 전에 태어났다'라는 관계에 대한 경험뿐 아니라 "소크라테스는 플라톤 이전에 태어났다"라는 명제와 "플라톤은 소크라테스 이 전에 태어났다"라는 명제의 차이를 구별해 줄 수 있는 논리적 대상에 대해서도 경험해야만 한다고 주장하기에 이른다.

즉, "a는 b와 R의 관계에 있다"를 나타내는 단순관계 명제 aRb를 주장하기 위해서 우리는 a, b와 같은 개별자의 이름, R 과 같은 관계의 이름은 물론 aRb라는 명제의 순수형식을 나타 내 주는 xχy라는 논리직 형식도 직접 경험해야 한다는 것이다. 러셀은 직접지의 대상으로 감각소여와 같은 개별자(particular) 외에도 관계(relation) 및 속성(property)은 물론 논리적 형식 (logical form)까지도 포함시켜야 한다고 보았던 것이다.

이것을 다음의 표를 통해 보면, "소크라테스는 플라톤 이전 에 태어났다"는 명제를 이해하기 위해서는 이 명제를 구성하고 있는 구성요소인 이름들에 각각 대응하는 경험의 대상들이 있 어야 하는데, 흔히 '소크라테스'와 같은 개체의 이름이 지칭하 는 대상과 '이전에 태어남'과 같은 관계가 지칭하는 대상뿐 아 니라 이 명제를 "플라톤이 소크라테스 이전에 태어났다"는 명 제와 구별해 주는 논리적 형식에 대해서도 직접 경험해야 한다는 것이다. 왜냐하면 위의 두 명제는 개체들의 위치만 다를 뿐 개체의 관계만 놓고 볼 때 동일한 구성요소로 이루어진 명제들이기 때문에 무엇인가 부가적인 요소가 없다면 두 명제의 차이를 설명할 수 없을 것이기 때문이다.

명제의 요소	
개체의 이름	소크라테스 = a
개체의 이름	플라톤 = b
관계의 이름	이전에 태어남 = R
논리적 형식의 이름	소크라테스의 플라톤 이전에 태어남 = aRb
논리적 형식의 이름	플라톤의 소크라테스 이전에 태어남 = bRa

그러한 조치가 필요할 것이라는 점에 대해서는 공감할 수 있을 것 같지만, 문제는 러셀의 주장이 논리적 개념을 포함하는 명제를 이해하기 위해서는 명제의 논리적 형식을 직접 경험해야 한다는 것을 함축하고 있다는 점에 있다. 즉, 러셀은 눈으로 볼 수도 없고 만질 수도 없는 지극히 추상적인 요소인 논리적 대상이 실재하며, 그러한 실재에 대해 직접적인 경험을 가질 수 있다고 주장하고 있는 것이다. 논리적 대상이 직접지의 대상이라는 이러한 주장은 논리가 선험적(*a priori*)인 것이 아니라 경험으로 환원될 수 있다는 주장이다.

현재로서 나는 '논리적 경험(logical experience)'이라는 것이 있다는 점을 지적하고 싶다. '논리적 경험'이란 일종의 직접지로서 판단과는 다른 것인데, 바로 우리로 하여금 논리적 언사를 이해할 수 있게끔 해주는 것이다. …… 분명 우리는 논리적 언사를 이해하는데, 이 점은 바로 논리적 언사를 이해하는 사람들이 '논리적 대상(logical object)'을 직접 경험한다고 말할 수 있는 그런 무엇을 소유하고 있다는 점을 보여 주는 것이다.(*Theory of Knowledge*, 97)

나는 논리에 관한 사고가 시작되기 이전에, 또는 우리가 문장을 이해할 수 있게 되자마자, 논리적 형식에의 직접 경험이 일어난다는 점을 보여 줄 수 있다고 생각한다.(위의 책, 97)

이러한 러셀의 사뭇 놀라운 언명이 보여 주는 바는 우리가 명제를 이해하기 위해서는 일단 논리적 경험을 먼저 (아니면 명제를 이해함과 거의 동시에) 가지고 있어야만 한다는 것이다. 논리는 선험적인 것이 아니라 경험과 더불어 시작한다는 것이다. 더욱이 그가 원자적 복합(atomic complex)이라고 부른 xχy와 같은 단순 논리형식 외에 분자적 명제를 구성하는 데 관계하는 논리적 대상이 있다고 한다.

여기에는 선언(or), 부정(not), 전칭(all), 특칭(some) 등을 나타내는 논리적 기호들을 이해하도록 해주는 논리적 형식이 관계한다는 것인데, 우리가 이러한 논리사들을 아무 어려움 없이 사용하고 있다는 사실은 바로 우리가 그런 논리사의 배후에 있는 논리적 형식을 직접적으로 경험하고 있기 때문이라는 것이다.

즉, "모든 사람은 죽는다"와 같은 전칭명제의 경우 우리가 모든 사람들을 전부 경험할 수 없기 때문에 '모든'에 해당하는 전칭성을 나타내 주는 논리적 형식을 전제하지 않고서는 그러한 명제의 의미를 이해할 수 없다고 하는 것이다. 그러한 복합 논리형식을 직접 경험함으로써 전칭명제에 대한 이해가 가능하다는 것이다.

말하자면 이것은 곧 직접지의 대상으로 대표되는 경험적 지식의 기반이 감각소여와 같은 개별자, 관계와 같은 보편 개념은 물론 지극히 플라톤적 요소인 (단순 및 복합적) 논리적 형식들로 구성된다는 것이다. 이것은 한마디로 외적 대상에 대한 인간의 인식은 물론 논리적 사고 능력까지 경험으로 환원시키는 것으로서, 단초적인 논리적 경험이 없이는 어떠한 논리적 사유도 불가능하다는 입장인 것이다.

1914년 러셀은 하버드 대학으로부터 로웰 강연(Lowell Lectures)의 연사로 초청된다. 이 강연의 원고가 바로 《외부세계에 대한 우리의 지식》으로 출간되었는데, 이 책에서는 추상적인 논리적 대상의 실재에 대한 직접 경험이 필요하다는 주장은 나타나지 않는다. 논리적 대상에 대한 지식은 필요하지만, 그러한 대상이 실재한다는 생각은 버렸다.

> [논리적] 형식은 또 다른 구성요소가 아니라 구성요소들이 한데 묶이는 방식이다. 이러한 의미에서 [논리적] 형식은 철학적 논리의 적절한 대상이다.
> 논리적 형식에 대한 지식이 존재하는 것들에 대한 지식과 무척 다른 무엇이라는 것은 명백하다. "소크라테스는 독배를 마셨다"의

118

형식은 소크라테스나 독배와 같은 존재하는 것이 아니며, 그러한 마심이 가지는 것과 같이 존재하는 것들과 가까운 관계를 가지지도 않는다. (*Our Knowledge of the External World*, 52)

위 인용문에서 러셀의 논리적 형식에 대한 입장의 전환은 분명하게 드러난다. 제자 비트겐슈타인의 비판에 대한 충격으로 《프린키피아》 이후 중량감 있는 인식론을 구성하려는 계획에 수정이 불가피했던 것이다.

제 4 장
논리적 원자론

1. 러셀의 철학적 세계관

　논리적 원자론은 넓게 말해 특정 시기를 통해 러셀의 철학을 지배한 아이디어 혹은 세계관이라고 볼 수 있다. 그래서 논리적 원자론은 이미 다루었던 여러 다른 주제들과 상당 부분 깊이 관련되어 있다. 러셀이 1917년 말부터 1918년 초에 걸쳐 여덟 차례에 걸쳐 "논리적 원자론의 철학"이라는 제목으로 강연을 하였는데, 이 강연 내용을 보더라도 환원과 구성의 아이디어라든지, 기술의 이론 혹은 러셀의 패러독스 등 이미 앞에서 우리가 다루었던 내용이 주된 주제로서 강연의 요소요소에 등장하고 있다.

　결국 러셀의 논리적 원자론은 그가 1905년 발표한 "지시에 관하여(On Denoting)" 이래 1924년에 발표한 "논리적 원자론(Logical Atomism)"에 이르는 긴 시기를 거치는 동안 그의 철학의 근간이 된 내용이라고 할 수 있겠는데, 오늘날 러셀 연구자들은 논리적 원자론을 1905년부터 1919년 사이의 그의 철학적 견해를 나타내는 표현으로 사용하고 있다.(Nicholas Griffin,

Routledge Encyclopedia) 이 장에서는 이미 앞에서 다루어진 내용
들은 제외하고, 그 강연 원고가 1918년에 출간된 "논리적 원자
론의 철학"의 내용을 중심으로 러셀의 생각을 정리해 보고자
한다.

그는 "논리적 원자론의 철학"의 첫 부분에서 '논리적 원자론'
이라는 개념을 다음과 같이 비교적 명료하게 설명하고 있다.

> 분석에서 일종의 잔류물로서 도달하고자 하는 원자는 논리적 원
> 자이지 물리적 원자가 아니다. 그것들 중 일부는 — 색채나 음향,
> 순간적 대상들의 작은 파편들과 같이 — 내가 '개별자'라고 부르는
> 것들일 테고, 또 다른 일부는 술어나 관계 등일 것이다. 요점은 내
> 가 도달하고자 하는 원자가 물리적 분석의 원자가 아니라 논리적
> 분석의 원자라는 것이다.("Philosophy of Logical Atomism", 37)

즉, 러셀은 자연과학이 세계를 물리적으로 분석하여 가장 기
초가 되는 구성물질로서의 원자를 찾으려고 하는 것과 마찬가
지로 철학에서의 원자를 찾으려고 시도하고 있는데, 이 때의
원자는 물리적인 방법으로 알아내는 것이 아니라 논리적인 분
석 방법을 통해서 알 수 있다는 것이다.

위의 인용문에 암시되어 있듯이 논리적 원자론에서 러셀의
목적은 그가 말하는 논리적 원자에 도달하는 것인데, 논리적
원자란 개별자, 술어, 관계들을 포함한다고 보았다. 즉, 논리적
원자론을 통해서 러셀이 보이고자 하는 것은 우리가 사용하는
언어의 문장들을 분석하여 논리적 원자로 환원하려는 것이다.

그런데 러셀에 의하면 우리의 언어를 분석하는 데 있어서 의미를 지니는 최소 단위는 원자명제(atomic propositions)이다. 그리고 그가 논리적 원자라고 하는 개별자와 술어, 그리고 관계는 바로 원자명제를 이루는 구성요소이다. 이제 원자명제와 그 구성요소들과의 관계에 대해서 살펴보도록 하자.

2. 개별자, 술어, 관계

러셀은 언어를 이루고 있는 명제에 대해서 구체적으로 말하기에 앞서 세계를 이루고 있는 사실들에 대해 이야기하고 있다. 사실이란 무엇인가? 그에 따르면, 사실은 하나의 명제를 참 또는 거짓으로 만들어 주는 것이다. 그래서 누군가가 "비가 내린다"고 말할 때, 어떤 조건에서는 그의 말이 참이고 다른 조건에서는 거짓이 된다. 이 때 그의 진술을 참(또는 거짓)으로 만드는 기상조건을 러셀은 사실(facts)이라고 하고 있다.("Philosophy of Logical Atomism", 40)

그래서 지금의 현재 기상조건이 비가 오고 있다면, 누군가가 "비가 내린다"고 말하는 것은 참이며 "눈이 내린다"고 말하는 것은 거짓이 된다. 결국 "비가 내린다"라는 진술을 참으로 만들었던 하나의 사실은 "눈이 내린다"라는 진술은 거짓으로 만든다. 결국 여기서 이들 각각의 진술을 참 또는 거짓으로 만들어주는 것은 바로 사실이라는 것이다.

여기서 러셀이 사실에 대해서 말할 때, 그가 비나 눈, 또는 소크라테스와 같이 존재하는 개별적인 것들을 의미하는 것은 아니며, 이것을 이해하는 것이 매우 중요하다. 즉, 비나 눈 혹은 소크라테스 자체는 어떠한 진술도 참이나 거짓으로 만들지 않는다. "소크라테스는 죽었다"와 "소크라테스는 살아 있다"는 모두 소크라테스에 대한 진술들이다. 그리고 하나는 참이고 다른 하나는 거짓이다. 이 때 러셀이 사실이라고 하는 것은 '소크라테스'라는 단어가 아니라 그 단어가 포함되어 있는 전체 문장이 표현하는 것이다.

그렇다면 명제란 무엇인가? 명제란 바로 누군가가 "비가 내린다" 혹은 "소크라테스는 죽었다"라고 진술할 때 그 진술에서 그것이 나타내는 사실과 대응하는 내용, 화자가 그 진술을 통해 믿는 바이다. "비가 내린다"는 진술을 통해 화자는 그 진술이 나타내는 바를 믿으며, 그 진술 내용은 실제 사실과 대응한다. 따라서 명제 자체에는 참 또는 거짓과 관련된 것이 아무것도 없다. 하나의 명제는 사실과의 대응을 통해서 참이 되거나 거짓이 되는 것이다.

결국 러셀의 논리적 원자론에서 명제란 사실과 일대일 대응 관계를 지니는 것이라고 이해할 수 있다. 그렇다면 그의 논리적 원자론에서 분석의 종점이라고 할 수 있는 원자명제란 무엇인가? 이것을 이해하기 위해서는 러셀이 말하고 있는 단순기호와 복합기호의 구분을 이해해야 한다. 그에 따르면, 명제는 기호이며 그것이 역시 기호인 단어들을 그 부분으로 포함하고 있다면 복합기호라고 한다.(앞의 글, 44) 그리고 단순기호는 또 다른 기호를 자신의 일부분으로 포함하고 있지 않은 경우가 된다. 이 때 단순기호는 우리가 직접 경험하지 않고서는 이해할 수 없는 성격의 것이다.

그래서 '빨갛다'라는 단어는 단순기호이고 그것을 직접 경험하지 않고서는 이해할 수 없지만, "장미는 빨갛다"와 같은 문장은 복합기호이며 우리가 경험하지 않는다 할지라도 '빨갛다'라는 단어와 '장미'라는 단어를 알고 있다면 이해할 수 있는 문장이다. 또한 여기서 '빨갛다'라는 단어는 직접 경험하지 않고서는 이해할 수 없지만, '장미'라는 단어는 직접 경험하지 않아도 이해할 수 있는 단어이므로 단순기호라고 할 수 없다.

반면 우리는 "이것은 빨갛다"와 같은 문장에 대해서도 생각해 볼 수 있다. 이 문장 역시 복합기호이긴 하지만, 이것을 구성하는 '이것'과 '빨갛다'는 모두 직접 경험하지 않고서는 이해할 수 없는 단순기호다. 특히 '이것'은 개별자를 나타내는 고유명으로서 단순기호이다. 러셀은 "이것은 빨갛다"와 같이 단순기호들로만 이루어진 명제를 원자명제라고 보았다. 여기서 '이것'은 특정한 감각소여를 지칭하는 이름이고, '…은 빨갛다'는 바로 그 감각소여의 속성을 나타내는 술어로서 하나의 원자명제는 하나의 원자사실을 표현한다.

이제 원자명제를 도식적으로 나타내면 다음과 같다.

원자명제 ———— 원자사실
　　　　대응관계

원자명제＝고유명＋술어

고유명＝개별자를 나타내는 단어

술어＝성질(속성)을 나타내는 단어

(도식 1)

즉, 원자명제는 하나의 개별자가 지닌 속성으로 구성되는 원자사실을 나타낸다. 그러나 이러한 도식화는 지극히 단순화된 것이고, 실제로 원자명제는 개별자가 지닌 속성뿐 아니라 다양한 관계를 나타낸다. 일반적으로 관계란 두 개 이상의 것들 사이에 성립하는 것이다. 따라서 원자명제가 관계를 나타낸다면 "이것은 저것의 왼쪽에 있다"의 경우에서처럼 두 개의 개별자를 포함하게 된다. 이 경우 서로 관계를 가지게 되는 두 개별자는 그 관계의 항들(terms of relation)이라고 정의되며, 그 관계를 나타내는 말은 동사에 의해 표현된다. 따라서 원자명제에 대한 위의 도식화는 관계를 나타내는 경우에는 다음과 같이 나타낼 수 있다.

원자명제＝관계의 항＋동사

관계의 항＝개별자들(2 또는 3 또는 그 이상)

동사＝관계를 나타내는 단어

(도식 2)

사실 도식 1은 원자명제를 가장 단순하게 나타내는 것이지만, 그래서 보통 논리적 원자론을 설명할 때 자주 통용되는 도식이긴 하지만, 도식 2와 같이 원자명제는 관계의 항과 동사로 이루어진 형태를 띤다고 하는 것이 러셀의 원래 의도에 더 부합할 것이다. 왜냐하면 러셀은 하나의 개별자가 지니는 성질은 항이 1개뿐인 관계, 즉 1항관계로 이해할 수 있다고 보았기 때문이다.

또한 개별자를 나타내는 단어로 정의된 고유명의 경우도 그
것이 일반적으로 '소크라테스'나 '대학로'와 같은 고유명을 나
타내는 것처럼 여겨질 수 있기 때문에 어느 정도 오해의 소지
가 있다. 왜냐하면 러셀에게 있어서 '소크라테스'나 '대학로'는
진정한 의미에서 우리가 직접 경험하게 되는 개별자가 아니라
앞 장에서도 보았듯이 기술구의 축약된 형태이기 때문이다. 그
럼에도 불구하고 편의상 고유명이라는 표현을 사용하는 이유
를 러셀은 다음과 같이 설명하고 있다.

> 고유명을 사용하지 않고서는 개별자에 대해서 말할 수 없을 것
> 이다. 기술에 의하지 않고서는 일반적 단어(general words)를 사
> 용할 수 없다. 원자명제에서는 어떻게 하는가? 원자명제는 실제
> 개별자를 언급하는 명제다. 그저 기술하는 것이 아니라 실제로 명
> 명한다. 그리고 명명은 이름에 의해서만 가능하다. 예를 들어, 칠
> 판에 점 하나를 찍고, 그것을 '존'이라고 부른다고 하자. 만약 내가
> '오른쪽에 있는 점은 하얗다'라고 말한다면, 그것은 하나의 명제
> 다. 만약 내가 '이것은 하얗다'고 말해도 그것은 또 다른 명제다.
> '이것'은 우리가 여기서 그것을 보는 동안은 괜찮다. 하지만 내가
> 내일 그것에 관해 말하고 싶다면, '존'이라고 이름을 붙이는 게 편
> 리할 것이다. 그것에 대해 언급할 수 있는 다른 방법은 없다. 이름
> 에 의하지 않고서는 그 자체를 언급할 수가 없다.(앞의 글, 61-2)

즉, 개별자는 내가 직접 경험할 수 있는 것으로서 감각의 파
편과 같은 것이다. 위 인용문의 예에서처럼 칠판에 점 하나를

찍었을 때 그러한 직접적인 경험을 명명하는 것은 '오른쪽에 있는 점'과 같은 기술에 의해서이거나 아니면 시간이 흐르거나 장소가 바뀐 후에도 이해하기 쉽도록 '존'과 같은 이름을 붙여서 부르는 것이다. 러셀은 우리가 일상생활에서 통상적으로 '소크라테스'나 '홍길동'과 같이 이름이라고 부르는 것이 바로 그러한 개별자를 지칭하기 위한 기능을 충족시키기 위해 도입된 것이라고 말하고 있는 것이다. 즉, 위의 인용문에서의 '존'과 같이 시간과 장소의 변화와 무관하게 하나의 개별자를 고정적으로 지칭하게 해줄 수 있는 표현이 일상생활에서는 필요하기 때문에 그런 고유명이라는 것을 도입해서 사용한다는 것이다.

그러나 그러한 일상적 의미의 고유명은 엄밀하게 말하면 개별자를 지칭한다고 볼 수 없다. 개별자는 직접 경험할 수 있는 것이어야 하며, 또한 고유명이라는 것은 바로 직접 경험되는 개별자에게만 적용될 수 있는 것이기 때문이다. 우리는 '존'이나 '소크라테스', '홍길동'을 직접 경험할 수 없기 때문에 그러한 표현들은 결국 생략된 기술인 것이며, 그러한 표현들이 기술하는 것 역시 개별자가 아니라 복잡한 집합들의 체계라고 할 수 있다.(앞의 글, 62)

결국 일반적인 의미에서가 아닌 엄격하게 논리적 의미에서 고유명의 사례는 '이것' 또는 '저것'과 같은 단어밖에 없다고 할 수 있다. 우리는 우리가 한순간 직접 경험하는 개별자를 나타내기 위해 '이것'과 같은 고유명을 사용할 수 있다. 러셀은 이것을 일상적 의미의 고유명과 구별하기 위해서 '논리적 고유명(logically proper name)'이라고 하였다.

이처럼 원자명제를 고유명과 술어에 의해 설명하면서 러셀은 존재에 대한 논리적 분석을 시도하게 된다. '소크라테스'와 같은 일상적 의미의 고유명이 실질적으로 직접 경험이 불가능한 것에 대한 단어라면, 존재하는 것은 무엇인지에 대한 설명이 필요할 것이기 때문이다. 이러한 문제를 다룬 것이 앞의 제2장에서 다룬 기술의 이론이다. 기술의 이론은《논리적 원자론의 철학》에서도 비중 있게 다루어지고 있지만, 우리는 이미 살펴보았으므로 여기서는 다루지 않고 러셀이 원자명제 이외의 명제를 어떻게 이해하고 있는지에 대해서 살펴보면서 이 장을 마무리하도록 한다.

3. 원자명제와 분자명제

러셀은 원자명제에 대해 설명한 다음 좀더 복잡한 명제들에 대한 설명을 시도하고 있다. 그는 '분자명제(molecular propositions)'라는 개념을 도입하고 있는데, 분제명제란 다른 명제들을 포함하고 있는 명제다. 일반적으로 분자명제는 '또는', '만약', '그리고'와 같은 단어를 가지는 명제다. 그래서 "자유시간 동안 우리는 휴식을 취하거나 산책을 할 것이다", "만약 내일 비가 오면, 소풍은 취소될 것이다", "오늘은 화요일이다. 그리고 오늘은 공휴일이다"와 같은 명제들이 분자명제에 해당한다.

이처럼 분자명제가 무엇인지를 이해하는 데는 직관적으로 아무 문제가 없어 보인다. 그러나 러셀이 분자명제와 관련하여 확신하지 못하는 점은 분자명제와 사실과의 관계에 대한 것이다. 원자명제의 경우는 비교적 쉽게 그 관계를 설명할 수 있었다. 원자명제는 사실과 대응관계에 있다고 했다. 그리고 원자명제를 참 또는 거짓으로 만들어 주는 것은 사실이기 때문에, 참인 원자명제와 거짓인 원자명제는 있을 수 있지만 참인 사실과 거짓인 사실이 따로 있는 것은 아니었다. 그래서 모든 원자명제에 대해서 하나의 사실이 있는 것이 아니라 참과 거짓의 원자명제의 쌍에 대해서 하나의 사실이 있는 것이다.

그러나 이제 러셀은 분자명제의 경우는 사정이 다르다고 말한다. "우리는 휴식을 취하거나 산책을 할 것이다"와 같이 "p 또는 q"의 형식을 취하는 분자명제의 경우 이 명제의 참 또는 거짓을 이야기하는 데 있어서 두 개의 다른 사실이 관련되어 있음을 알 수 있다. 즉, "우리는 휴식을 취할 것이다"에 대응하는 하나의 사실이 있고, "우리는 산책을 할 것이다"에 대응하는 또 하나의 사실이 있을 것이다. 러셀은 이 두 개의 사실 모두가 "우리는 휴식을 취하거나 산책을 할 것이다"라는 명제의 참 또는 거짓의 여부를 밝히는 데 관련이 있지만, 이 분자명제에 대응하는 단일한 사실이 있다고는 보지 않고 있다.

러셀은 이 점에 대해서 어떤 확실한 근거를 가지고 주장하는 것이 아니라 분자명제에 대응하는 분자사실이 있다는 것이 그럴 듯해 보이지 않는다는 것이다. 그래서 그는 "p 또는 q"와 같은 분자명제의 참/거짓의 여부가 단일한 사실에 의존하는 것이 아니라 p에 대응하는 하나의 사실과 q에 대응하는 다른 하나의 사실에 의존한다고 가정하더라도 아무 문제가 없다고 한다.(앞의 글, 72)

그렇다면 이제 두 개의 명제로 이루어진 분자명제의 경우 그
의미를 알기 위한 조건은 무엇인지 궁금해진다. 이에 대해 러
셀은 하나의 분자명제를 이루는 두 명제 각각의 참 또는 거짓
에 따라서 그 분자명제의 참 또는 거짓이 가려진다고 말한다.
이 점을 분명하게 보여 주는 방편으로 러셀은 일종의 도식을
제시한다.

'p와 q 둘 다 참'인 경우에 대해서는 'TT'라 하고,
'p는 참이고 q는 거짓'인 경우에 대해서는 'TF' 등으로 표현한다.

TT	TF	FT	FF
T	T	T	F

위의 도식에서 아랫줄은 "p 또는 q이다"의 진리값을 말해 주
고 있다. 여기서 '또는'이라는 표현은 선언(disjunction)명제를
가능하게 해주는 결합사인데, 러셀은 "p 또는 q이다"라는 명제
의 분석에서 '또는'이라는 단어에 대응하는 대상을 실제 세계
에서 찾으려 해서는 안 된다고 말한다. 제3장에서 우리는 러셀
이 한때 '또는'과 같은 논리적 결합사에 대응하는 논리적 대상
이 존재한다는 생각을 가졌음을 보았다. 그러나 그것은 1913년
의 일이었고, 비트겐슈타인의 비판으로 자신의 생각을 수정하
기에 이르렀던 것으로 보인다. 그래서 "논리적 원자론의 철학"
이라는 강연을 했던 1917년 겨울에는 그러한 과거의 생각은 완
전히 사라지고 '또는'에 대응하는 사실세계에서의 대상을 찾아
서는 안 된다고 말하고 있다.

실제로 러셀은 《논리적 원자론의 철학》에서 최소한 3회 이상 비트겐슈타인의 영향에 대해서 언급하고 있다. 즉, 자신의 강연 내용의 상당 부분은 그가 제1차 세계대전 발발 이전 자신의 제자였던 비트겐슈타인으로부터 발전시킨 것이라는 것이다. 다만 전쟁 발발 이후 연락이 끊겨 생사조차 알 수 없어서 비트겐슈타인의 생각이 어떻게 변화했는지 알 수 없다는 것이다. 실제 위의 분자명제의 진리값에 대한 도식 역시 비트겐슈타인이 발전시킨 이른바 진리표(truth table)와 유사하다.

러셀은 역시 비트겐슈타인의 사례와 유사하게 분자명제의 진리값은 그것을 구성하는 명제들의 진리값에 의해 결정된다는 생각을 명제의 진리함수(truth-functions)라고 하였으며, 각각의 분자명제들을 그러한 진리함수의 사례들이라고 보았다. 앞의 도식에서는 "p 또는 q이다"의 형식을 띤 선언명제를 예로 들고 있지만, 그러한 생각은 "p 그리고 q이다"와 같은 형식의 연언명제나 "만일 p이면, q이다"와 같은 형식의 조건명제에도 동일하게 적용된다.

그는 분자명제의 한 형태인 "p는 q와 양립불가능하다"를 통해서 여러 형태의 분자명제들이 만들어지는 방식에 대해서 설명하고 있다. 여기서 "p는 q와 양립불가능하다"는 명제는 다름 아닌 이 두 명제는 둘 다 참일 수 없고, 최소한 둘 중의 하나는 거짓이라는 것을 의미한다. 이제 러셀은 이른바 셰퍼 기호를 이용하여 그 명제를 p|q로 기호화한다. 그리고 나면 나머지 분자명제들에 대한 기호화를 시도할 수 있다.

1	p는 거짓이다	p|p	p는 그 자신과 양립할 수 없다
2	만일 p이면, q이다	p|(q|q)	p는 q가 거짓인 것과 양립할 수 없다
3	p 또는 q이다	(p|p)|(q|q)	p가 거짓인 것은 q가 거짓인 것과 양립할 수 없다
4	p와 q는 모두 참이다	(p|q)|(p|q)	p는 q와 양립불가능하지 않다

러셀은 위의 표와 같이 셰퍼 기호 하나만으로 분자명제의 다양한 형태를 단순하게 기호화할 수 있었다. 물론 러셀의 이러한 생각은 《프린키피아》에서부터 모든 수학을 가장 단순한 논리체계로 환원하려는 시도에서부터 등장한 것이었는데, 여기서 다루고 있는 방식은 어느 정도 비트겐슈타인의 생각과 관련되어 있는 것으로 보인다. 비트겐슈타인 역시 셰퍼 기호를 이용하여 모든 형태의 진리함수를 단순하게 기호화할 수 있음을 보였고, 또한 그러한 방식을 일목요연하게 보여 주는 진리표를 제시한 바 있다.

러셀은 진리표를 제시하고 있지는 않지만 진리함수에 관한 그의 논의의 맥락은 비트겐슈타인의 그것과 다르지 않다고 볼 수 있으며, 어느 정도 비트겐슈타인의 영향을 반영하는 부분이라고 볼 수 있다. 특히 러셀의 위 논의가 분자명제에 대응하는 분자사실이 있는가의 문제를 논의하는 과정에서 대두되고 있다는 점에서 그렇다.

비트겐슈타인이 제시한 명제의 그림 이론에 따르면 언어는 세계를 반영하며, 언어를 구성하는 기본 단위인 원자명제는 세계를 구성하는 원자사실과 대응한다. 그런데 비트겐슈타인은 원자명제들로 이루어지는 복합명제를 구성함에 있어서 '그리고'나 '또는'에 대응하는 논리적 대상이 사실의 세계에 존재한다고 생각하지 않았고, 그러한 논리적 결합사를 포함한 복합명제에 대응하는 복합사실이 존재한다고 생각하지도 않았다. 복합명제의 진리값은 그것을 구성하는 원자명제의 원자사실과의 대응여부에 의해 결정된다고 생각했던 것이다.

이처럼 논의의 맥락에서 러셀과 비트겐슈타인은 유사하며, 러셀이 몇 번씩 반복하여 비트겐슈타인의 영향을 강조하는 주요 부분이 바로 진리함수와 관련된 부분임은 분명해 보인다.

제 5 장

윤 리 학

1. 러셀의 윤리학

앞에서도 보았듯이 러셀은 오랜 세월에 걸쳐 대중 강연 및
글쓰기를 통해 윤리와 도덕에 대해서 언급했다.《결혼과 도덕》
과 같은 저서는 물론이고 그는 이미 비컨 힐 학교를 운영할 당
시부터 윤리적인 이슈 때문에 공격을 받곤 했다. 그럼에도 불
구하고 정작 그가 어떠한 윤리설을 견지했는지에 대해서는 소
홀히 다루어져 온 것이 사실이다.

실제로 러셀이 세상을 떠난 직후에 출간된《러셀》에서 에어
(A. J. Ayer)는 확고한 도덕적 신념을 가졌음에도 불구하고 러셀
은 윤리학에 대해서는 비교적 주의를 기울이지 않았다고 밝히
고 있다. 순수 윤리학에 대한 그의 저술은 "윤리학의 요소들(The
Elements of Ethics, 1910)"과《윤리와 정치에 있어서의 인간 사회
(*Human Society in Ethics and Politics*, 1954)》정도에 불과하다는 것
이다.(Ayer, 116)

이러한 생각은 최근까지도 지배적이어서 러셀이 윤리학에
대해 이론적으로 다룬 위의 두 저작조차도 그리 대단한 평가를

받지는 못했다. "윤리학의 요소들"은 그것이 케임브리지의 동료 무어의 윤리학에 관한 코멘트의 성격을 지녔다는 점에서 그랬고, 《윤리와 정치에 있어서의 인간 사회》는 그것이 어느 정도 흄의 생각과 유사하다는 점에서 그랬다. 따라서 많은 러셀 연구자들에게 그의 윤리학은 무시되거나 소홀히 다루어져 왔다.

그러나 최근에 들어서 이러한 경향에 새로운 변화가 일어나고 있다. 러셀 사후 캐나다의 맥메스터 대학에 그의 아카이브가 설립되면서 방대한 유고의 편집 및 출판 작업이 진행되면서 러셀이 사람들이 생각했던 것보다 훨씬 많은 이론 윤리학 관련 저술을 남겼음을 발견하게 되었기 때문이다. 그래서 슬레이터(John Slater, 1994)와 그레일링(A.C. Grayling, 1996)의 저서와 같이 1990년대에 출간된 일부 러셀 개설서들은 그의 윤리학을 다룬 챕터들을 포함하고 있다. 더 나아가 피그던(Charles Pigden)은 여러 시기를 통해서 러셀의 윤리설은 매우 독창적이며 20세기의 몇몇 윤리설의 선구가 되고 있다고 주장한다.(Pigden, 1999, 2003)

이러한 새로운 경향에 주목하여 이 책에서는 시기와 관계 없이 러셀의 윤리사상이 지녔던 주요 요소들을 간략하게 소개하고자 한다. 먼저 초기에 주목할 만한 것은 역시 무어와의 관련성을 지니는 "윤리학의 요소들"에 나타난 내용들일 것이다. 이 부분에 대해서 소개한 뒤 러셀이 1913년에 이르러 객관주의적 윤리설을 포기하게 되는 과정과 더불어 어떤 측면에서 정서주의 윤리설의 선구적 위치를 점하게 되는가에 대해서 설명할 것이다.

이러한 설명을 통하여 적어도 러셀의 철학적 입장들이 그의 윤리설에 어떻게 관련되는지에 대한 이해를 꾀할 수 있으리라고 생각되며, 또한 어떤 점에서 그의 윤리설이 20세기의 다른 주요 윤리설에 선구적 입장이 될 수 있는지 또한 평가할 수 있을 것이다.

2. 러셀과 객관주의적 윤리관

윤리학에 대한 러셀의 초기 저작 중 가장 체계적으로 씌어졌다는 평가를 받는 "윤리학의 요소들(1910)"은 무어의 《윤리학 원리(*Principia Ethica*, 1903)》와 밀접한 관련을 지니고 있다. 그 이유는 이 시기의 러셀이 자신의 독자적인 윤리이론을 주장했다고 하기보다는 무어의 입장에 대한 코멘트의 성격을 지니고 있기 때문이다.

무어에 따르면, 선은 정의 불가능한 개념이며 분석 불가능한 개념이다. 이러한 생각은 종래에 선을 자연주의적으로 정의할 수 있다는 이른바 윤리적 자연주의에 대한 비판이었다. 윤리적 자연주의는 선을 욕구나 기쁨 등에 의해서 정의하려는 시도이지만, 무어는 그러한 정의가 불가능하다는 입장인 것이다. 따라서 그는 윤리학이 그 자체로 자율적인 학문이며, 자연과학이나 형이상학으로 환원될 수 없다고 보았다.

"윤리학의 요소들"에서 러셀 역시 유사한 관점에 서 있다. 마치 선을 욕구나 기쁨에 의해 정의할 수 없다는 무어의 주장을 변호하는 듯한 인상을 주는 일련의 논의를 통해 러셀은 선을 정의하려는 여러 시도에 대한 반론을 통해 선이란 욕구되는 것이라는 생각, 선은 기쁨이라는 생각, 선은 자연에 순응하는 것이라는 생각, 선은 신의 의지에 복종하는 것이라는 생각에 반대하고 있다. 그리고는 선이 주관적인 성격을 지니지 않았다고 말한다.

> 좋음과 나쁨은 모든 사람들, 또는 거의 모든 사람들이 소유하고 있는 관념의 대상이다. 이러한 관념은 우리가 지닌 복잡한 관념들의 가장 단순한 구성요소를 형성하고 있으며, 따라서 더 단순한 관념으로 분석되거나 다른 단순한 관념들로부터 만들어질 수 없다. ("Elements of Ethics", 20)

> 그것은 마치 어린 아이들이 색채의 이름을 배우는 방식과 같다. 그들에게 빨간색 책을 보여 주고 빨갱이라고 일러 준다. 빨강을 구성하는 다른 요소들을 찾기 위해 그것을 더 분석하는 것은 불가능하지만, 빨강의 관념이 아이들의 마음에 전달될 수는 있다.(위의 글, 21)

색채와 마찬가지로 윤리학에서 다루는 가장 근본적인 개념의 하나인 선 혹은 악의 경우도 그 자체로 가장 단순한 개념인 것이며 따라서 분석 불가능하고 다른 개념에 의해 정의할 수 없다는 것이다. 또한 색채의 관념이 대상에 고유한 성질로서 경험하는 사람의 주관적 성질이 아니듯이 선과 악의 개념 또한 대상이 사람의 주관과 독립적이라는 것이다.

 이처럼 무어의 윤리이론을 답습하고 있는 느낌을 주긴 하지만, 러셀이 "윤리학의 요소들"에서 그저 무어의 생각을 변호하는 데 모든 지면을 할애하고 있는 것은 아니다. 글의 맨 처음에 제시되어 있는 윤리학이 다루는 문제들에 대한 논의를 살펴보면, 그의 철학적 세계관이 초기 윤리관에도 그대로 반영되고 있음을 알 수 있다.

 러셀은 먼저 윤리학이 다루는 문제들에 대하여 논의하면서 윤리학이 인간의 행동을 다룬다든지 어떤 행동이 덕이고 어떤 행동이 악인지를 다루는 학문이라는 생각은 잘못된 것이라고 주장한다. 대신 그는 윤리학의 대상이 선한 행동이나 악한 행동 자체가 아니라 선한 행동과 악한 행동에 대한 참인 명제를 발견하는 것이어야 한다고 주장한다.("Elements of Ethics", 18) 그래서 "X는 선하다"와 같은 문장은 "X는 사각형이다"와 같이 우리의 주관과 관계 없이 참 또는 거짓을 판단할 수 있는 명제라는 것이다. 즉, 윤리학은 실천에 관한 학문이 아니라 실천에 대한 명제들을 다루는 학문이라는 것이다. 따라서 윤리학도 다른 과학과 마찬가지의 성격으로 탐구되어야 한다는 것이다.

 물론 러셀의 이러한 생각은 후에 바뀌게 되지만, 적어도 초기 윤리관에서 이러한 입장은 그의 과학적 세계관을 그대로 반영하고 있다는 점에서 음미해 볼 필요가 있다. 말하자면 그 자신 철학적 탐구의 동기가 의심할 수 없는 가장 확실한 명제로부터 시작하여 세계를 구성하려는 것이었는데, 그러한 동기가 윤리학에도 그대로 나타나고 있다는 것이다.

하나의 명제는 다른 명제들에 의해서 증명될 수 있을 뿐이기 때문에, 모든 명제가 증명될 수 있는 것이 아님은 명백하다. 왜냐하면 증명은 무엇인가를 가정함으로써만 출발할 수 있기 때문이다. 또한 결과는 그 전제만큼의 확실성을 지니지 않기 때문에, 증명된 것들은 그저 명백하기 때문에 받아들여졌고 그래서 우리의 증명의 기초가 된 것들보다 더 확실하지는 않다. 따라서 특히 윤리학의 경우 우리는 왜 이러저러한 행동이 행해져야 하는지를 물어야 하며, 증명이 불가능해지는 그런 종류의 명제에 도달할 때까지 그 이유를 거슬러 올라가는 탐구를 계속해야 한다. 왜냐하면 그러한 종류의 명제는 단순하거나 명백해서 그것을 연역해 낼 더 근본적인 어떠한 명제도 찾아 낼 수 없을 것이기 때문이다.(앞의 글, 20)

이러한 생각은 당시 러셀이 가지고 있었던 모든 철학적 사고와 맥을 같이한다. 그는 수학의 본성을 탐구함에 있어서 더 이상 정의가 불가능한, 그래서 그저 받아들일 수밖에 없는 논리학의 공리를 확보한 뒤 산수체계를 확립하려고 했다. 또한 그는 세계에 대한 지식을 논의하면서 가장 직접적으로 경험 가능한 감각소여로의 환원 후에 추리와 구성을 통해 세계를 구성해 내려고 했다. 마찬가지로 그는 윤리학에서도 어떠한 증명도 필요하지 않고 자명하게 받아들일 수밖에 없는 윤리학의 명제를 찾아야 한다고 말하고 있는 것이다. 그러한 윤리적 명제에서 시작하여 이론 윤리학의 체계를 세워야 한다는 청사진을 지니고 있었던 것이다.

윤리학의 성격이 무엇인지에 대한 위와 같은 생각을 가지고

선(좋음)과 악(나쁨)이 정의될 수 없는 윤리학의 근본 개념의 하
나라고 본 러셀은 이제 그러한 좋고 나쁨의 개념과 구분하여
옳음(right)과 그름(wrong)에 대해서 논의한다. 선과 악의 개념
이 러셀에게서는 윤리적 탐구의 기초가 되는 객관적인 공리와
같은 것이라면, 이제 다루는 옳음과 그름은 그야말로 사람의
행동과 관련된 측면이라고 할 수 있다.

　이제 러셀은 이러한 옳은 행동 혹은 그른 행동을 판단하는
기준으로 그러한 행동이 가져오는 결과에 의해 결정된다고 한
다. 즉, 왜 어떤 행위는 해도 되고 어떤 행위는 하면 안 되는지
에 대해 물을 때, 그에 대한 적절한 답변은 "그 행동의 결과를
보라"는 것이라고 한다. 그래서 그 결과가 좋은 것이면 옳은
행동이고, 그렇지 않다면 그른 행동이라는 것이다.

> 　그리고 우리는 하나의 행동이 모든 가능성 중에서 가장 나은 결
> 과를 가지게 될 때 옳다고 생각한다. 옳음에 대한 다른 많은 의미
> 들이 있지만, 그러한 의미야말로 "나는 어떻게 행동해야 하는가?"
> 와 "어떤 행동이 부도덕한가?"라는 물음에 답하는 데 요구되는 의
> 미인 듯하다.(앞의 글, 37)

　앞에서 말했듯이, 선과 악의 개념은 사람의 주관적 판단과
독립적인 것으로 마치 수학적 대상과 같이 객관적인 대상의 본
래적 성질이다. 선악 개념은 단순 개념이기 때문에 정의 불가
능하지만, 그 자체로 선하거나 악한 것이다. 그러나 우리가 인
간의 행동에 대해서 말한다면, 그래서 어떤 행동을 해야 하고

어떤 행동을 하지 말아야 하는가 하고 묻는다면, 이 물음은 그 행동의 결과에 따라서 판단할 수 있다는 것이다. 따라서 러셀은 이 문제에 대해서 다분히 결과주의 혹은 공리주의적으로 흐르고 있다.

이러한 결과주의적 흐름 역시 무어의 생각과 궤를 같이하고 있으며, 또한 무어와 러셀의 이러한 생각은 그들을 가르쳤던 공리주의 윤리학의 옹호자 시지윅의 영향을 어느 정도 반영하고 있다고 할 수 있다. 러셀은 시간이 흐르면서 윤리적 입장을 수정하게 되고, 또 명시적으로 공리주의를 주장하지는 않았지만, 그의 윤리적 관점이나 도덕적 실천과 관련된 영역에서는 그러한 결과주의 혹은 공리주의적 태도를 계속해서 견지한 것으로 여겨진다.

3. 러셀과 주관주의적 윤리관

앞서도 언급했듯이 러셀의 과학적 세계관은 그의 초기 윤리이론에도 그대로 반영이 되어 있다. 물론 그 당시에는 윤리학을 과학의 일부로 이해하려는 시도를 하고 있을 때였다. 그러나 시간이 흐르면서 그는 그러한 시도를 포기하고 윤리학을 과학과 다른 종류의 것으로 바라보기 시작한다. 그의 과학적 세계관은 바뀌지 않았지만 과학적 세계관으로 윤리학을 어떻게 바라볼 것인가의 관점에는 변화가 생긴 것이다.

이러한 변화의 시작은 "철학에서의 과학적 방법에 관하여 (On Scientific Method in Philosophy, 1914)"에서부터 감지된다. 이

글에서 러셀은 좋음이 객관적 성질이라는 생각 대신 윤리학은
주관적인 학문이라는 생각을 드러낸다. 이러한 변화는 무어의
《윤리학 원리》에 기초한 러셀의 입장에 대한 산타야나(George
Santayana)의 비판에 영향을 받았기 때문인 것으로 알려지고
있다. 산타야나의 비판은 선이 사람들의 감정으로부터 독립적
일 수 없다는 입장에 기초하고 있다. 또한 "X는 선하다"라는
문장의 경우도 그것을 객관적 사실에 대한 명제가 아니라 사람
들이 느끼는 선호도에 관한 문장이라서 "X는 사각형이다"라는
명제와는 그 종류가 같을 수 없다고 한다.

러셀은 산타야나의 비판에 자극받아 선이 사람의 주관과 독
립적인 객관적이고 본래적 성질을 지녔다는 입장을 버리게 된
다. 그는 윤리적 개념은 본질적으로 인간본위적이며 현재의 인
간의 욕구에 기초하게 된다고 한다.("On Scientific Method", 82)
이러한 생각은 윤리학의 근본 개념인 선과 악이 인간의 주관과
는 무관하게 본래적 성질을 지닌다는 생각과 정면으로 배치되
는 것이다. 이제 러셀은 과거의 자신의 생각과는 아주 다른 견
해를 선보이고 있는데, 그것은 선과 악이 사람들이 지닌 감정
이나 집단적인 이익과 관련된 것으로 보는 관점이다.

　　윤리학은 본질적으로 집단적 본능의 산물, 즉 다른 집단에 속한
　사람들에 반하는 우리 자신의 집단을 구성하는 사람들과 협동하려
　는 본능의 산물이다. 우리 편에 속한 사람들은 좋고, 적대적 집단
　에 속한 사람들은 악하다. 우리 자신의 편에 의해 추구되는 목적은
　바람직한 목적이며, 적대적 집단이 추구하는 목적은 사악하다. ……

142

모든 윤리학은 아무리 정교화된다 해도 다소간 주관적인 것이다.
("On Scientific Method", 82)

　사람에 따라서 선과 악의 판단이 달라질 수 있다는 위의 주장은 윤리학을 주관적인 것으로 만들어 버리고, 따라서 과학의 일부가 아닌 것으로 여기게 만든다. 따라서 과학적 세계관에 따른 철학을 추구하는 러셀로서는 윤리학이 지니는 철학적 가치마저 사소한 것으로 만들게 된다. 즉, 이론으로서의 윤리학은 철학적인 중요성이 떨어지며, 실천적 영역에서만 그 가치를 인정받을 수 있다는 것이다.

　흥미롭게도 "과학적 방법에 관하여"에서 제시된 윤리학과 관련된 러셀의 새로운 두 경향은 그 글이 씌어진 1910년대에는 더 자세하게 논의되지 않았고 시간이 한참 흐른 뒤에야 구체화된다. 먼저 러셀은 윤리적 개념이 현재의 인간의 욕구에 기초하게 된다고 말하고 있지만, 이러한 생각을 당장 디 구체적이고 자세하게 발전시키지는 않았다. 정작 "윤리학의 요소들"에서의 자신의 입장에 대한 반론, 즉 선은 정의될 수 있으며 욕구로부터 그 개념을 도출할 수 있다는 생각은 "과학적 방법에 관하여"를 발표한 1914년으로부터 무려 13년이 흐른 뒤에 발표한 《철학의 윤곽(An Outline of Philosophy, 1927)》에서야 구체적으로 나타난다. 그리고 이러한 기조를 유지한 채 "과학적 방법에 관하여"에서 제시된 두 번째 경향, 즉 윤리학은 과학의 영역 밖에 있다는 생각은 그로부터 다시 8년이 흐른 뒤 《종교와 과학(Religion and Science, 1935)》에서 상세히 드러나게 된다.

특히 《종교와 과학》에 나와 있는 러셀의 윤리적 관점은 윤리
학을 과학과 뚜렷하게 구분하면서 지식의 영역에서 배제하려
는 시도를 보이고 있기 때문에 최근에 일부 철학자는 이 시기
의 러셀의 윤리학이 이른바 정서주의(emotivism)의 선구로 보
아야 한다는 평가와 더불어 과소평가된 러셀의 윤리학이 재조
명되어야 한다고 주장하고 있다.(Pigden, 1999)

《종교와 과학》에서 러셀은 선의 개념을 분석하고 있다. 먼저
그는 가치에 관한 문제가 과학의 영역 밖에 놓여 있으며, 한걸
음 더 나아가 가치에 관한 문제는 지식의 영역 밖에 놓여 있다
고 주장한다.(*Religion and Science*, 320) 다시 말해 우리가 무엇이
가치를 지닌다고 말할 때 우리는 개인적인 감정과 무관하게 참
이 되는 어떤 사실이 아니라 우리 자신의 감정을 표현하고 있
다는 것이다. 러셀은 이 점을 분명히 밝히기 위해 선의 개념을
분석한다.

러셀은 선과 악에 대한 모든 관념들이 욕구와 관련된다는 점
은 분명하다고 말한다. 그래서 우리가 욕구하는 모든 것이 선
이고, 우리가 두려워하는 모든 것이 악인 것처럼 보인다고 말
한다. 그런데 욕구들은 서로 충돌하기 마련이기 때문에 문제가
된다. 그래서 사람들은 자신의 욕구가 다른 사람들의 욕구와
조화를 이룰 수 있다는 점을 들어 자신의 편을 많이 얻으려고
한다. 하지만 도둑이나 강도의 경우처럼 자기 편을 얻을 수 없
는 경우 그 사람은 비난을 받게 되고 윤리적으로 죄인이 되는
것이다.

따라서 러셀은 윤리학이 정치학과 밀접히 관련되어 있다고

주장한다. 윤리학은 어떤 집단의 전체적 욕구가 개인에게도 영향을 미치도록 만들려는 시도이며, 또한 어떤 개인이 자신의 욕구를 전체 집단의 욕구가 되도록 만들려는 시도라는 것이다. (앞의 책, 232) 물론 여기서 개인의 욕구를 전체의 욕구로 만들려는 시도는 그것이 전체 집단의 이익과 명백히 상반되지 않을 때에만 가능한 것이다.

그래서 러셀은 만약 우리의 욕구가 모든 사람이 공통적으로 누릴 수 있는 것에 대한 욕구라면, 다른 사람들도 그런 욕구를 지니리라고 기대하는 것은 그리 불합리하지는 않을 것이라고 한다. 따라서 진리나 선, 아름다움과 같은 가치에 중요성을 부여하는 철학자들은 자신의 욕구를 표현할 뿐 아니라 모든 인류의 복지에 이를 수 있는 방법을 제시하는 것처럼 보인다는 것이다.

이런 입장에서는 "X는 선하다"라는 문장은 모든 사람은 X를 욕구해야 한다는 욕구를 표현할 뿐이라는 것이다. 즉, 러셀은 보편적인 것으로 여겨지는 윤리적 가치는 본래적이고 객관적으로 보편적인 가치가 아니라 나와 마찬가지로 거의 모든 사람들이 공통적으로 욕구하는 가치이기 때문에 보편적인 것으로 여겨진다는 것이다. 물론 이러한 생각은 "윤리학의 원리들"에서 그가 옹호했던 생각과는 정반대일 뿐 아니라 "철학에서의 과학적 방법에 관하여"에서 간략하게 제시했던 자신의 생각을 좀더 확대 발전시킨 것이라고 하겠다. 실로 러셀은 자신의 과거의 생각을 논박하는 예를 들어 설명하고 있다.

어떤 사람이 '이것은 그 자체로 선하다'고 말할 때, 그는 '이것은 사각형이다' 또는 '이것은 달다'와 같은 진술을 하는 것 같다. 나는 그런 생각은 잘못이라고 믿는다. 나는 그 사람이 진정 의미하는 바는 '나는 모든 사람이 이것을 욕구하기를 바란다' 또는 '모든 사람이 이것을 욕구했으면'이라고 생각한다. 만일 그가 말하는 것이 하나의 진술로서 해석된다면 그것은 단지 그 자신의 개인적인 바람을 긍정한 것에 지나지 않는다. 반면에 만일 그것이 일반적인 방식으로 해석된다면 그것은 아무것도 진술하지 않으며 단지 무엇인가를 욕구하는 것일 뿐이다.(*Religion and Science*, 235-6)

위의 인용문에서 러셀은 윤리학의 문장들이 객관적 사실에 대한 진술이 아니라고 말하고 있는 것이다. 그래서 위의 인용문에서 "이것은 그 자체로 선하다"라는 문장이 "나는 모든 사람이 이것을 욕구하기를 바란다"를 뜻한다면, 이는 참이 될 수도 있고 거짓이 될 수도 있다. 다분히 어떤 사람의 심리상태에 대한 언급이기 때문이다. 이 경우 러셀은 윤리학의 대상이 아니라 심리학이나 한 사람의 전기(傳記)에 속한다고 한다. 한편, "이것은 그 자체로 선하다"는 문장이 "모든 사람이 이것을 욕구했으면"을 뜻한다면, 이는 어떤 것에 대한 욕구를 표현하는 문장으로 윤리학에 속하는 것이지만 어떤 사실에 대한 주장이 아니기 때문에 참도 아니고 거짓도 아니라고 한다.

그래서 러셀은 이제 자신이 옹호하고 있는 이론이 가치의 주관성이라 불리는 학설의 한 형태라고 말한다. 이 학설이 말하는 바는 어떤 두 사람이 가치의 문제에 대해서 서로 다른 견해를 지닌다면, 그 둘 사이에는 진리의 불일치가 아닌 오로지 취향의 차이만이 있을 뿐이라는 것이다. 결국 러셀은 윤리적 탐구의 본성은 과학과는 별개의 것이라는 생각을 분명히 하고 있는 것이다.

누군가가 "태양은 지구 주위를 돈다"라고 말한다면 그것은 사실에 기초해서 거짓임을 입증해 낼 수 있을 것이며, 어느 누구도 그것이 개인적 바람이나 욕구와는 관계 없이 거짓이라는 것을 알 수 있다. 그러나 "낙태는 허용되어서는 안 된다"고 말한다면 그것은 사실에 대한 진술이 아니라 개인적 바람이나 욕구의 문제이기 때문에 참 또는 거짓 여부를 가려낼 수 있는 과학적 탐구와는 무관한 문장이라는 것이다. 결국 윤리학은 지식의 영역 밖에 놓여 있다는 것이다.

> 나는 과학이 가치의 문제를 해결하지 못한다는 것은 맞지만 그것은 가치의 문제가 전혀 지적으로 해결될 수 없기 때문인 것은 아니며, 참과 거짓의 영역 밖에 놓여 있기 때문이라고 결론짓는다. 얻어질 수 있는 어떠한 지식도 과학적 방법에 의해 얻어져야 하며, 과학이 발견할 수 없는 것은 인류가 알 수 없는 것이다.(앞의 책, 243)

《종교와 과학》에 제시된 러셀의 윤리이론은 그 후로도 크게 변화하지 않고 지속되었다. 러셀의 후기 저작 중에 윤리적 문제를 다루고 있는 대표적인 저작으로 여겨지는 《윤리와 정치에서의 인간 사회(Human Society in Ethics and Politics, 1954)》에서도 러셀은 도덕적 판단이 느낌과 욕구에 기초한다는 생각을 유지

한 채 어떻게 하면 윤리학에 다소간의 객관성을 부여할 수 있
는지에 대해 모색하고 있다. 하지만《종교와 과학》에서는 윤리
적 지식의 가능성을 완전히 부정한 반면, 이 책에서는 윤리학
을 지식의 영역에서 완전히 배제한다고 하기보다는 다소간 유
보적인 태도를 취하고 있다.

　　윤리학은 그 근본 데이터가 지각이 아니라 느낌과 정서라는 사
　　실에서 과학과 다르다. …… 윤리적 판단은 사실을 진술하지 않는
　　다. 종종 위장된 형태이긴 하지만, 그것은 어떤 욕구 혹은 회피, 어
　　떤 사랑 혹은 증오를 진술한다.(*Human Society*, 155)

　　그러나 느낌과 욕구에 대한 근본적인 윤리적 중요성이 인정될
　　때, 윤리적 지식과 같은 것이 있는지의 여부에 대한 물음은 여전히
　　남는다.(위의 책, 155)

위 인용문과 같이 여전히 욕구와 느낌에 기초한 윤리이론을
유지하면서도 이렇게 윤리적 지식의 가능성과 관련하여 미세
한 입장의 변화를 보이게 된 이유는 아마도 대부분의 윤리적
판단이 주관적이기는 하지만 반드시 그렇지는 않으며 예외적
인 사례도 있다는 것을 러셀이 깨달았기 때문인 듯하다.
　예를 들어, 두 사람이 어떤 음식을 좋아하는지의 문제로 말
한다면 그것이 개인적 취향의 문제에 지나지 않는다는 것은 누
구나 납득할 수 있다. 그러한 취향의 문제는 다분히 주관적인
것이다. 그러나 누군가 만약 나치가 유태인을 고문하는 것이

좋은 것이라고 말하고 다른 사람들이 그것이 나쁜 것이라고 말
한다면, 이것은 단순히 취향의 문제라고 볼 수는 없을 것이다.
이런 사례를 근거로 러셀은 모든 윤리적 판단이 완전히 주관적
이라는 견해를 받아들이기가 꺼려진다고 말하고 있다.(*Human
Society*, 156)

　나치에 의한 유태인 학살과 원자폭탄으로 인한 무고한 사람
들의 대량살상 등 제2차 세계대전과 같은 잔혹한 전쟁을 경험
하면서 러셀은 반핵·반전운동가로 변신하게 된다. 아마도 그
러한 일련의 윤리적 문제들이 윤리학이 과학의 영역 밖에 있다
는 생각을 유지하면서도 윤리적 판단은 주관적이고 윤리적 지
식은 불가능하다는 이전의 생각에 일말의 변화를 초래하지 않
았을까 하는 추측을 해볼 수 있겠다.

　1910년대에 객관주의적 윤리학을 포기한 이후 러셀이 1930
년대에 제시한 주관주의적이고 욕구와 느낌에 기초한 윤리이
론은 1930년대와 1940년대 영미철학에서 제시된 이른바 정서
주의 윤리학과 매우 유사하다는 점에서 러셀을 정서주의의 선
구로 보아야 한다는 해석도 등장하였다. 정서주의 윤리학은 논
리실증주의를 영국에 소개한 저서로 평가받고 있는 에어(Ayer)
의 《언어, 진리, 그리고 논리학(*Language, Truth, and Logic*, 1936)》
과 스티븐슨(Stevenson)의 "윤리적 언사들의 정서적 의미(The
Emotive Meaning of Ethical Terms, 1937)"를 필두로 시작되었는
데, 유사한 내용을 담은 러셀의 《종교와 과학》이 이들 저작보다
1, 2년 앞서 출판된 점에서 러셀의 윤리이론이 정서주의 윤리

학의 선구로 새롭게 조명될 필요가 있다는 것이다.

실제로 정서주의가 주장하는 바는 러셀의 주장과 매우 유사하다. 에어의 주장을 아주 간략하게 요약하자면, 도덕적 판단과 그 표현은 어떤 사람의 느낌과 그에 대한 감탄사와 다를 바가 없다는 것이다. 그래서 "X는 선하다"라는 문장은 "X에 대해 만세를!", "X는 악하다"라는 문장은 "X에 대해 야유를!"이라고 말하는 것과 같다는 것이다. 감탄문은 참, 거짓의 여부를 가릴 수 없기 때문에 윤리학의 문장들은 진리 주장이라 할 수 없고, 따라서 윤리적 지식은 있을 수 없다는 것이다.

물론 에어와 스티븐슨의 주장은 이러한 간략한 요약 이상의 복잡한 이론이다. 그러나 위의 단락은 정서주의가 나타내는 윤리학의 본성과 관련하여 가장 중요한 요점을 설명한 것이며, 세부적인 차이에도 불구하고 대체적 관점에서 러셀의 1930년대 이후의 윤리이론과 매우 유사하다는 것을 알 수 있다.

제 6 장
종교철학

1. 종교사상가 러셀

앞의 장에서 러셀의 윤리학에 대해 논의하면서 오랜 기간에 거쳐 러셀이 윤리학과 관련된 글을 발표했지만 그에게서 독창적이거나 주목할 만한 윤리이론을 발견하기 어렵다는 견해가 지배적이었다고 했다. 아주 최근에 이르러서야 그러한 상황에 대한 재해석이 시도되고 있고, 러셀의 윤리학을 재발견하려는 노력이 진행되고 있다. 이러한 상황은 러셀이 그의 긴 생애에서 40대 이후에는 직업적 철학자로서가 아니라 대중 강연자 혹은 다양한 인쇄매체에 글을 기고하면서 저널리스트적이고 반전운동가적인 활동을 한 것과 깊은 관련이 있다.

종교에 대한 그의 견해 역시 윤리학의 경우와 크게 다르지는 않다. 그는 《나는 왜 기독교인이 아닌가》와 《종교와 과학》과 같은 잘 알려진 저작들을 통해 그의 종교관을 매우 인상 깊게 피력하고 있지만, 종교철학적으로 아주 새롭거나 연구 가치가 풍부한 영향력 있는 성과를 올렸다고 말하기는 어렵다. 그럼에도 불구하고 그는 오랜 기간에 걸쳐 종교에 관한 글을 지속적으로 썼으며, 20세기의 영향력 있는 지성이라는 그의 위치는 늘 그가 가진 종교관을 논란의 대상으로 만들었고, 때로는 러셀 자신이 그 종교관으로 인해 곤경에 처하는 경우도 발생했다. 또한 그가 《자서전》에서 언급하고 있듯이 성장기로부터 변화해 간 러셀의 종교관이 그가 가지게 된 철학 전반에 대한 입장과도 일정 부분 관련이 있기 때문에 이제 러셀의 사상을 정리하는 마지막 부분에서 그의 종교관의 단면을 살펴보는 것은 의미 있는 일일 것이다.

러셀은 어려서 다분히 종교적인 환경에서 성장했다. 그를 키운 할머니는 독실한 기독교 신자로서 그가 어려서부터 종교와 철학에 관심을 가지게 만들었다. 종교적 관심이 어떻게 변화했고, 또 그러한 관심이 그의 철학적 탐구욕과 어떻게 관련이 되었는지를 그는 《자서전》에서 다음과 같이 밝히고 있다.

나의 할아버지는 영국 국교도였고, 할머니는 스코틀랜드 장로교도였다가 나중에 유니테리언이 되었다. 나는 일요일마다 번갈아서 피터섬의 (성공회) 교구 교회와 리치먼드의 장로교 교회에 나가야 했고, 집에 있을 때는 유니테리언파의 교리를 배웠다. 내가 열다섯 살 무렵까지 믿은 것이 바로 유니테리언 교리였다. 열다섯 무렵 나는 근본적인 기독교적 믿음을 지지한다고 여겨진 합리론적 주장들에 대해 체계적으로 탐구하기 시작했다. 나는 이 주제에 대해 숙고하는 데 끊임없이 시간을 할애했는데, 다른 사람들에게 고통을 줄까 두려워 그 점에 대해 어느 누구에게도 말할 수 없었다. 나는 신앙을 점점 잃어가는 것과 침묵의 필요성 둘 다로부터 심하게 고통

받았다. 나는 만약 내가 신, 자유, 그리고 영혼불멸을 믿는 것을 중단한다면 매우 불행할 것이라고 생각했다. 그렇지만 나는 이들 도그마를 지지하기 위해 주어진 이유들이 매우 설득력이 없다는 것을 알게 되었다.(*Autobiography*, 35)

위의 고백은 러셀이 적어도 15세 무렵까지는 매주 교회를 나가는 기독교인이었다는 것을 보여 준다. 하지만 그가 그 무렵 수학적 확실성의 문제에 대해 어렴풋이나마 의문을 제기했던 것과 마찬가지로 기독교의 도그마에 대한 합리적 지지근거의 확실성에 의문을 제기했던 것이고, 이는 후에 확실한 지식에 대해 탐구하게 된 자신의 철학적 사고의 출발을 자극하는 계기로 작용하게 되었던 것이다.

15세 러셀의 종교적·철학적 고민은 일반적 기준으로 볼 때 무척 조숙한 것이었지만, 《자서전》의 고백이 어렴풋한 기억에 의존한 신빙성 없는 내용이 아니었음은 그가 다른 글들에서도 동일한 내용을 아주 구체적으로 진술하고 있다는 점에서 재확인할 수 있다. 실제로 그 시기부터 3년간 위에 열거한 문제들, 즉 신의 존재와 자유의지 그리고 영혼불멸에 대해 숙고했으며 그 결과 차례로 그에 대한 믿음을 포기하기에 이르렀다는 것이다.("My Mental Development", 25) 그의 16세 때의 일기에는 영혼불멸에 대해서는 거의 믿지 않게 되었지만, 여전히 신에 대한 믿음을 지니고 있으며 자신을 유신론자라고 부를 수 있다고 적고 있다.("My Philosophical Development", 21)

그는 신의 존재에 대한 믿음을 18세가 되어 가장 나중에 포

기하게 되는데, 자신의 대부였던 존 스튜어트 밀의 자서전의
내용이 그 계기가 되었다고 한다. 그 책에서 밀은 그의 아버지
제임스 밀이 자신에게 "누가 나를 만들었는가?"라는 질문에 대
해서는 대답할 수 없다고 가르쳤다고 썼는데, 그 이유는 그 질
문이 궁극적으로는 "누가 신을 만들었는가?"라는 질문으로 이
어지기 때문이라는 것이다. 러셀은 바로 이 글을 읽고 제1원인
에 근거하여 신의 존재를 증명하려는 시도가 잘못된 것임을 깨
달았다고 한다.(앞의 글)

 이러한 러셀의 태도는 11세 때 형으로부터 유클리드 기하학
을 처음 배우면서 지녔던 러셀의 의문을 되새겨 볼 때 러셀이
지닌 철학적 사고 패턴의 일관성을 잘 보여 준다. 제2장 1절에
서 소개한 이 에피소드에서 러셀은 유클리드 기하학의 공리들
을 아무 전제 없이 받아들여야 한다는 점에 의문을 제기했다.
그는 공리들의 확실성을 이성적으로 보장할 수 없기 때문에 그
것들을 받아들이기를 거부했던 것이다. 이제 18세의 러셀은 기
독교의 교리에 대해서도 유사한 사고 패턴으로 반응하고 있는
셈이다. 신을 만든 또 다른 원인을 상정할 수 있다는 생각을 한
러셀로서는 제1원인으로서의 신을 받아들일 수 없었던 것이다.

 이처럼 대부분의 사람들은 철학은커녕 종교에 대한 철학적
물음을 진지하게 가지기도 전인 18세의 나이에 중세철학의 주
요 신 존재 증명의 하나를 논박하는 시도를 했던 러셀이 기독
교 신앙을 포기함과 동시에 기독교 자체 혹은 종교 자체를 완
전히 포기한 것은 아니었다. 그는 신에 대한 믿음을 포기했지
만 신의 존재를 부정하지는 않았으며, 이는 신이 존재하는지

아닌지를 알 수 없다는 이른바 불가지론으로 구체화된다. 또한 그가 받아들일 수 없었던 기독교의 모습은 도그마화된 종교로서의 기독교였던 것이지 순수한 종교로서의 기독교는 아니었다. 이제 이러한 부분들에 대해서 하나씩 살펴보기로 하자.

2. 불가지론자 러셀

러셀은 보통 무신론자이자 지독한 반기독교주의자로 알려져 있다. 많은 철학자들 중에도 러셀의 철학을 주의 깊게 공부하지 않은 사람들은 그렇게 생각하는 경우가 적지 않다. 그러나 그러한 생각은 잘못된 것이다. 아마도 사람들이 그런 잘못된 선입견을 가지게 되는 것은 《나는 왜 기독교인이 아닌가》라는 책이 주는 인상 때문일지도 모른다.

이 책은 1957년에 나온 책으로 러셀의 여러 논문들을 묶은 책으로 "나는 왜 기독교인이 아닌가"라는 1927년의 대중 강연에서 책 제목을 따왔다. 이 글에서 러셀은 이른바 중세철학 시대부터 있어 왔던 이성적으로 신의 존재를 증명하려는 시도들을 여러 오류를 들어 잘못된 것으로 논박하고 있다. 또한 이 책에서 러셀은 오랜 제도화된 종교로서의 기독교가 지녔던 좋지 못한 부분과 해악들을 열거하고 있다. 아마도 이러한 부분들이 러셀은 무신론자이자 반기독교주의자라는 인상을 심어 준 것이 아닌가 하는 추측을 해본다. 하지만 그 책에서건 아니건 러셀은 철학적으로 엄밀한 의미에서 무신론자도 아니었으며 반기독교주의자도 아니었다. 이 절에서는 그가 왜 무신론자로 불릴 수 없는지에 대해서 살펴본다.

먼저 러셀은 자신은 무신론자가 아니라 불가지론자라고 스스로 밝히고 있다. 그는 "불가지론자란 무엇인가?"라는 글에서 불가지론을 다음과 같이 정의하고 있다.

> 불가지론자는 기독교와 다른 종교가 관심을 가지는 신과 미래의 삶과 같은 문제에서 그 진리를 알 수 없다고 생각하는 사람이다. 만약 그것이 영원히 불가능한 것은 아니라 한다면, 어떻든 현재로서는 불가능하다는 것이다. ("What is an Agnostic?", 41)

기하학의 공리가 되었든 신 존재 증명에서의 제1원인이 되었든, 그것이 참이라는 것이 너무나 분명해서 자명한 진리라고 여길 수 없는 그 어떤 것에 대해서도 러셀은 그것이 이성적으로 뒷받침될 수 없는 것이라면 받아들이려 하지 않았다. 신의 존재에 대한 문제도 마찬가지였다. 러셀이 보기에 신의 존재 여부는 이성적으로 알아내는 것이 불가능하며, 설사 미래에는 그것이 가능해질 가능성이 있다 할지라도 현재로서는 가능하지 않기 때문에 존재한다고 말할 수 없다는 것이다. 물론 이 말은 신이 존재하지 않는다고도 말할 수 없다는 것이다. 즉, 그 문제에 대해 알 수 없다는 것이며, 바로 그러한 생각을 불가지론(不可知論)이라고 하며 그러한 생각을 가진 사람을 불가지론자라고 한다는 것이다.

그렇다면 러셀의 불가지론은 무신론과 어떻게 다른가? 러셀에 따르면, 무신론은 신이 존재하지 않는다는 것을 우리가 알 수 있다는 주장이다. 즉, 기독교 신자가 신이 존재한다는 것을 확신한다고 말하는 것처럼 무신론자들은 신이 존재하지 않는다는 것을 알 수 있다고 주장한다는 것이다. 그러나 불가지론은 신의 존재 여부를 알 수 있는 이성적 근거가 충분하지 않기 때문에 그 존재 여부에 대한 판단을 유보하는 입장인 것이다.

이러한 러셀의 생각은 신의 존재 여부와 관련하여 중립적인 위치에 있는 것처럼 보이지만 실제로는 그렇지 않다. 러셀은 위의 입장에 덧붙여 불가지론이 유신론보다는 무신론에 더 가깝다고 말한다. 그는 신이 존재할 가능성이 전혀 없다고 할 수는 없겠지만 신의 존재가 있을 법하지 않다고 한다. 그것은 마치 고대 그리스 신화에 등장하는 신들의 존재가 있을 법하지 않은 것과 비슷하다고 한다. 그는 실질적으로 신이 존재할 법하지 않기 때문에, 이성적 근거를 가지고 부정할 수는 없겠지만, 그 존재 가능성을 고려할 가치가 없다고 한다.

결국 러셀이 말하는 불가지론은 신이 존재하지 않는다는 것에 대한 이성적 정당화가 가능하지 않다는 점에서 무신론이라고 할 수는 없겠지만, 그러한 정당화 조건을 배제하고 현실적인 관점에서 바라본다면 무신론에 가까운 입장이라고 할 수 있다.

이제 러셀은 신의 존재뿐 아니라 영혼불멸이나 사후세계에 대해서도 유사한 논지를 펴고 있다. 그는 사후세계에 대해서 다음과 같이 말하고 있다.

사람이 사후에도 살아남는가의 여부에 대한 물음은 그에 대한 증거가 가능한가에 대한 물음이다. …… 불가지론자는 어떤 식으로든 증거가 있다고 믿지 않는다면 그 자체로는 영생의 관점을 취하지 않는다. 나로서는 우리가 사후에 살아남을 거라고 믿을 어떠한 좋은 이유가 있다고 생각하지 않는다. 그러나 나는 적정한 증거가 나타날 수 있을 것인지에 대한 확신에는 오픈되어 있다.(앞의 글, 45)

신의 존재 여부를 알기 위해 이성적 근거를 요구했듯이, 러셀은 사후세계의 문제에 대해서도 동일한 태도를 취하고 있는 것이다. 이러한 태도는 종교를 신앙의 차원에서 다루지 않고 이성의 차원에서 다루려는 것이다. 그리고 이는 마치 과학자들이 사실에 대해 탐구하듯이 종교 역시 사실적 탐구의 대상으로 보고 있는 것이다.

3. 신 존재 증명에 대한 논박

앞에서, 엄밀한 의미에서 러셀이 무신론자가 아니라 불가지론자였음을 살펴보았다. 러셀의 태도는 만약 신의 존재에 대해 이성적으로 확인할 수 있는 합리적 근거가 있다면 그 존재를 인정하겠다는 것이다. 그러나 그러한 근거를 찾을 수 없으므로 신의 존재를 인정할 수 없다는 것이다. 물론 신이 존재하지 않는다는 근거 또한 확보할 수 없기 때문에 그를 무신론자로 부를 수도 없다는 것이다.

이제 러셀은 과거에 신의 존재에 대한 합리적 근거로 제시되어 온 이른바 신 존재 증명들이 과연 정당화될 수 있는지에 대해서 살펴보고 있다. 바로 "나는 왜 기독교인이 아닌가"라는 글에서 그는 중세철학에서부터 종종 제시되었고 또 자연철학이라는 이름 아래 근대 과학자들에 의해 옹호되었던 입장들 중 대표적인 증명들에 대한 논박을 시도하고 있다.

이 글은 1927년 팸플릿 형태로 출간되었을 때나 30년 후 다른 종교적 에세이들과 함께 책으로 묶여져 나왔을 때나 종교계 안팎으로부터 거센 반발을 일으켰다. 특히 이 글에서 러셀은 신 존재 증명에 대한 논박에 이어서 예수를 소크라테스나 부처보다 한 수 아래의 인간으로 묘사하고 있기 때문에 기독교 신학계의 비판이 잇따르기도 했다.

러셀은 이 글에서 먼저 기독교인에 대한 정의를 시도하고 있다. 20세기는 중세시대처럼 기독교인이 무엇을 의미하는지 분명한 시대가 아니기 때문이라는 것이다. 그는 오늘날 기독교인이 되기 위해서는 먼저 신의 존재와 영혼불멸에 대한 믿음을 지녀야 하며, 그에 덧붙여 가장 지혜로운 최고의 인간으로서의 그리스도에 대한 믿음이 있어야 한다고 말한다. 그는 앞의 두 요소는 이슬람 교도들도 동일하게 가지는 믿음이라서 그리스도가 가장 지혜로운 인간이라는 세 번째 믿음이 필요하다고 하는 것이다.("Why I Am Not a Christian", 4)

물론 러셀은 그 세 가지 요소 모두가 잘못된 것임을 입증함으로써 자신이 기독교인이 아닌 이유를 제시하고 있다. 우리는 영혼불멸에 대한 합리적 근거를 찾을 수 없다는 러셀의 입장을 앞에서 다루었으므로 이제 그가 제시하는 나머지 두 요소에 대한 논박을 살펴보도록 하자.

러셀은 먼저 이른바 우주론적 논증이라고도 불리는 제1원인 논증에 대한 논박을 시도하고 있다. 이 논증은 우리가 이 세상에서 보는 모든 것에는 원인이 있고, 그 원인들의 사슬을 거슬러 올라가면 최초의 원인에 도달할 것이라는 생각에서 그 최초의 원인에 신의 이름을 부여하는 논증이다.

앞에서도 언급했듯이, 러셀은 어렸을 적에 이 논증을 받아들였는데, 존 스튜어트 밀의 자서전을 읽고 생각이 바뀌었다고 한다. 즉 "누가 나를 만들었는가?"에 대한 물음에 답하기 위해서는 그 원인의 사슬을 거슬러 올라가야 하고 결국에는 최초의 원인이라고 여겨지는 신에 도달하게 될 것이다. 그러나 러셀이 문제삼고 있는 바는 바로 "신은 누가 만들었는가?"라는 물음으로 요약될 수 있다.

그는 그 물음에 답할 수 없을 것이며, 그런 점이 바로 제1원인 논증이 지닌 오류라고 말한다. 모든 것에 원인이 있다면 신에게도 원인이 있어야 할 것이라는 이야기이다. 그는 원인 없이 세계가 생겨날 수 없을 이유가 없으며, 세계에 시작이 있었다는 것을 가정할 이유도 없다고 한다. 어떤 것에 시작이 있다는 아이디어 자체는 상상력의 빈곤 때문이라고 한다.(앞의 글, 7)

또한 러셀은 종종 목적론적 증명이라고도 불리는 설계논증을 논박하고 있다. 이 논증은 세상의 모든 것이 우리가 세상에서 살기에 가장 적합하게 만들어져 있어서, 만약 세상이 조금만 달랐어도 우리가 살아남지 못했을 것이라는 아이디어에 기초하고 있다. 즉, 우주의 매우 복잡하면서도 정교한 질서로 미루어 볼 때, 신의 계획 혹은 설계를 전제하지 않고서는 그러한 질서를 설명할 수 없다는 것이 바로 설계논증인 것이다.

그러나 러셀은 다윈의 진화론 이후 그러한 최적의 적합성은 초자연적인 존재의 설계가 아니라 자연에 대한 생명체의 적응의 결과라는 것을 알게 되었다고 한다. 이 세상에 대한 어떠한 설계의 증거도 없기 때문에 설계논증 역시 잘못된 것이라는 주장이다.

또한 러셀은 전지전능한 존재가 있어서 수백만 년 동안 이렇게 결함이 많은 세계를 만들었다는 것은 매우 놀라운 일이며 도저히 믿을 수 없는 일이라고 한다. 그는 전지전능한 자가 고작 KKK나 파시스트를 만들어 내는 것밖에 할 수 없었겠는가 반문하고 있다.(앞의 글, 10)

이어서 러셀은 이른바 도덕논증이라고 불리는 신 존재 증명에 대한 논박을 시도하고 있다. 이 논증은 칸트가 《순수이성비판》에서 제시한 것으로 19세기에 유행했는데, 그 한 형태는 신이 존재하지 않는다면 옳고 그름은 없다는 것이며, 또 다른 형태는 이 세상에 만연한 부정의를 바로잡고 정의를 구현하기 위해서 신이 존재함이 틀림없다는 논증이다. 결국 이 논증은 도덕성의 근거로서의 신의 존재를 주장하는 논증인 것이다.

러셀은 특히 두 번째 형태의 논증을 흥미롭게 생각했다. 우리는 이 우주에서 대단한 부정의를 알고 있으며, 때로는 선이 고통에 시달리고 악이 흥하는 것을 보게 한다. 결국 우주 전체에서의 정의를 이루기 위해서는 그 균형을 이루기 위해서 사후 세계를 가정해야 한다는 것이다. 그래서 신은 존재함에 틀림없고, 궁극적으로 정의가 존재하기 위해서 천국과 지옥이 있음에 틀림없다는 것이다. 즉, 악한 자를 사후세계에서 벌하고, 선한 자가 천국에 이르는 것을 보장해 주는 존재로서의 신이 존재하는 것은 분명하다는 것이다.

이 흥미로운 논증에 대해서 러셀은 예의 과학적 사고방식을 적용하여 다음과 같이 논박한다.

> 오렌지 상자를 열고 제일 위쪽 열에 있는 오렌지가 모두 불량품이라고 가정하자. 이 때 우리는 "아래에 놓인 것들은 양호한 것들임에 틀림없어. 그래야 균형이 이루어지겠지"라고 말하지는 않을 것이다. 대신 우리는 "아마도 상자 전체가 나쁜 오렌지일 거야"라고 말할 것이다. 이것이 과학적인 사람이 진정 우주에 대해 주장하는 바이다. 그는 이렇게 말할 것이다. "이 세계에 대단한 부정의를 보게 되고, 그런 사정이라면 그것이 바로 정의가 세상을 지배하지 않는다고 가정할 이유인 것이다. 따라서 그런 사정이라면 신에 대한 도덕논증에 찬성이 아니라 반대하기에 충분한 것이다." ("Why I Am Not a Christian", 13)

러셀의 논점은 과학적 관점에서 볼 때 우리가 아는 세계는 우리가 살고 있는 현세뿐이라는 것이다. 만약 우리가 알지 못하는 사후세계와 같은 다른 세계가 있다 하더라도 확률상 현세의 부정의에 기초하여 다른 세계에도 부정의가 있을 확률이 있다고 말해야 옳다는 것이다.

이성을 신뢰하고 과학적 세계관을 신뢰한 러셀로서는 사후세계를 가정하여 현세의 부정의를 보상하려는 논증이 신의 존재에 대한 이성적 근거로 받아들여질 수 없었던 것은 너무도 당연해 보인다. 결국 중세 이후에 제시되어 온 어떠한 신 존재 증명도 그에게는 신의 존재에 대한 합리적 근거로 보이지 않았던 것이다.

신 존재 증명을 논박한 러셀은 이제 왜 자신이 그리스도를 가장 위대한 인간으로 보지 않는지에 대해서도 설명하고 있다. 그에 대한 도덕적인 이유로서 러셀은 그리스도가 영원한 처벌, 즉 지옥에 대해 확신하고 있었다는 점을 들고 있다. 즉, 복음서에 반복적으로 등장하는 그러한 처벌이나 보복에 대한 언급은 그리스도를 가장 지혜롭거나 도덕적인 인간으로 보기 어렵게 만든다는 것이다. 러셀은 그 점에서 부처나 소크라테스가 한 수 위라고 생각하고 있다.

이러한 맥락에서 러셀은 기독교가 역사적으로 행해온 박해들이 인류에게 많은 해악을 끼쳤다고 본다. 오히려 그 점에서 그는 기독교보다 박해의 요소를 가장 적게 지닌 것으로 여겨지는 불교를 선호한다고 말하고 있다.("What Is an Agnostic", 49)

지금까지 러셀이 행한 신 존재 증명에 대한 논박을 살펴보았다. 여기서 주의할 점은 그가 신 존재 증명을 논박한 것이 곧장 그를 무신론자로 만드는 것은 아니라는 점이다. 즉, 신 존재 증명을 제시한 사람들이 유신론자인 것은 틀림없어 보이지만, 그들의 증명이 오류라고 주장한 러셀이 그러한 논박으로 자동적으로 무신론자가 되는 것은 아니다. 물론 그의 말대로 러셀은 무신론자에 가까웠지만, "왜 나는 기독교인이 아닌가"에서의 그의 논의들은 기독교 유신론에 대한 반박이며, 자신이 기독교

164

인이 아닌 이유를 이성적이고 과학적 관점에서 제공한 것이라고 볼 수 있다.

러셀이 제시한 견해는 분명 러셀과 같은 불가지론자는 물론 무신론자들이 환영할 만한 내용이다. 그러나 그의 견해가 유신론자나 기독교인들에게 크게 타격을 입힌 것처럼 보이지도 않는다. 왜냐하면 러셀은 시종일관 종교를 과학과 동일한 선상에서 탐구해야 할 대상으로 여기고 있기 때문이다. 즉, 일식이나 자전주기를 탐구하는 것과 같이 신의 존재에 대해서도 탐구해야 한다는 입장인 것이다. 하지만 종교는 신앙의 영역이라는 상식적인 입장을 생각해 본다면, 러셀의 생각은 하나의 잣대로 모든 것을 평가하려는 경직된 입장이라고 보아도 좋을 것이다. 그러한 입장에 따르면, 시나 소설 역시 과학적이지 않다는 이유로 그 가치가 훼손될 수 있을 것이다.

4. 도그마로서의 종교에 대한 비판

앞에서 본 것처럼 러셀은 이성의 잣대로 종교의 제반 문제들을 바라본다는 데서 신의 존재나 영혼불멸, 혹은 사후세계를 받아들일 수 없었다. 그래서 엄밀한 의미에서 무신론자는 아니었지만, 철학적 엄밀성을 제쳐두고 일상적인 느슨한 관점에서 본다면 무신론자로 치부되기가 쉬웠던 것이다. 마찬가지로 러셀의 생각은 반기독교적 혹은 더 나아가 반종교적이라고 여겨지곤 하지만, 엄밀하게 볼 때 그러한 수식어도 옳다고 말할 수 없다.

러셀이 기독교가 역사상 행해온 해악에 대해서 여러 차례 언급한 것은 사실이다. 종교가 인류에게 미친 나쁜 영향에 대해서도 언급했다. 그러나 그러한 비판적 태도는 기독교나 종교 자체에 대한 것이 아니라 교회에 의해 제도화된 기독교, 특히 도그마로서의 기독교에 대한 것이었다. 이러한 러셀의 태도를 이해하는 것은 그의 종교철학을 이해하는 데 매우 중요하며, 그가 겉보기와 달리 매우 종교적인 심성을 지닌 사람이었다는 것을 이해하는 데에도 매우 중요하다. 그러나 대체적으로 그러한 부분을 놓치기가 쉽다.

러셀은 종교에 세 가지 주요 측면이 있다고 한다. 하나는 진지한 개인적 믿음, 둘째는 신학, 그리고 마지막으로 교회다. 여기서 신학은 철학자의 관심의 영역이며, 제도에 구현된 교회는 사회학자나 역사학자의 관심이라고 한다. 일반 사람들에게 진정 중요한 종교의 측면은 바로 진지한 개인적 믿음이며, 과거와 달리 오늘날은 점점 더 이러한 개인적 차원의 믿음이 종교라는 의미와 동일시된다고 한다.

특히 제도화된 교회는 역사상 해악을 더 많이 끼쳤다고 하는데, 그것은 제도화된 종교로서의 교회가 도그마의 체계로서 위력을 발휘했기 때문이다. 실로 러셀이 신의 존재 여부를 따지는 데 있어서 이성적 근거에 그토록 집착하는 이유는 과거 도그마로서의 기독교가 어떠한 이성적이고 합리적 근거도 없이 많은 사람들을 박해했기 때문이다.

기독교가 지닌 도그마적 성격에 대한 러셀의 반감은 이미 1910년대 초부터 잘 드러나고 있다. 그는 1912년에 발표한 "종

교의 본질(The Essence of Religion)"에서 과거의 시대에 도그마
가 존중받았던 이유는 도그마가 세계에 대한 특정한 태도를 촉
진시킨다고 믿어졌기 때문이라고 한다. 즉, 도그마는 자아에게
유한성으로부터 자유로운 삶을 제공하고, 욕망과 일상적 근심
의 횡포로부터 탈출구를 제공한다는 점에서 존중받을 수 있었
다는 것이다. 그러나 러셀은 이제는 도그마 없이도 그러한 삶
이 가능하다고 주장한다.("The Essence of Religion", 57)

　말하자면 러셀은 이제 도그마로서의 기독교, 제도로서의 교
회에 의존하지 않고서도 원래 기독교 또는 넓은 의미에서 종교
를 통해 인간이 얻고자 하는 바에 도달할 수 있다는 것이다. 그
는 종교가 지니는 가장 중요한 특징을 무한성에서 찾는다. 인
간은 유한하지만 무한성에 대한 갈망을 가지며, 문제는 바로
이러한 인간의 두 본성이 서로 갈등을 일으킨다는 점이다. 러
셀은 인간이 지닌 유한성을 다음과 같이 표현하고 있다.

　　인간의 영혼은 신과 짐승의 이상한 복합으로 두 본성의 전쟁터
　이다. 하나는 특수하고, 유한하며, 자기중심적이고, 다른 하나는
　보편적이고, 무한하며, 공평하다. 인간이 짐승과 공유하고 있는 유
　한한 삶은 신체와 결합되어 있고 세상을 여기와 지금의 관점에서
　바라본다.(위의 글, 58)

　즉, 유한성은 자아의 관점에서 바라보게 되는 인간의 본성이
다. 남녀 간의 사랑은 물론 부모 자식 간의 사랑도 본성적으로
동물적인 것이며 인간이 지닌 유한성의 발로라는 것이다. 인간

은 바로 이러한 본능을 극복하고 유한한 자아의 목적에 따르는
것을 중단하지 않는 한 유한성에 머물게 되며 그가 지닌 무한
성의 본성에 도달하지 못한다고 한다.

러셀에 따르면, 무한성에 입각한 삶은 세계를 하나의 관점에
서 보지 않는다. 그것은 사적이지 않으며 공평성을 그 특징으
로 한다. 그래서 그 공평성은 사유에 있어서 진리, 행위에 있어
서 정의, 그리고 감정에 있어서 보편적 사랑으로 이끈다. 무한
성에 입각한 삶이란 사유할 때는 언제나 보편적인 것과 모든
사람에게 열려 있는 것을 추구하면서 감각의 삶 위로 떠오른
다. 또한 욕구나 의지에서는 선을 나의 것이나 너의 것으로 여
기지 않는다. 그리고 그 감정에서는 편파적이지 않고 모든 사
람에게 사랑을 준다.(앞의 글, 58)

      유한한 자아가 자기보존을 위해 무한한 본성 주위에 감옥의 벽
    을 쌓는다. 그런데 드물게 이 감옥의 벽을 허물고 보편적 영혼이
    삶을 통해 자유롭게 되기도 한다. 이 감옥으로부터의 탈출은 사유
    로 하여금 무한성을 준다. 갈등의 와중에서 갑자기 아름다움을 얻
    거나 계산적이지 않은 사랑과 같은 것이 우리의 일상세계의 갈등
    에서 삶을 자유롭게 할 가능성을 암시한다. 그러한 삶은 어떠한 불
    행도 방해할 수 없는 행복이 있는 곳이다. 이러한 통찰이 주도하는
    삶은 갈등으로부터 자유로운 삶이고, 전체와 조화를 이루는 삶이
    다.(앞의 글, 59)

결국 인간은 본성적으로 유한성과 무한성 모두를 지니고 있

는데, 부득이하게 자아의 편협한 관점인 유한성의 영역에 머물게 된다는 것이다. 과거에 종교가 했던 역할은 도그마적 믿음을 통해서 그러한 유한성의 벽에서 벗어나는 것이었다. 그러나 이제 러셀은 그런 도그마적 믿음 없이도 무한성에 도달할 수 있다고 말하는 것이다. 어떻게 그렇게 할 수 있는가?

러셀은 이처럼 갑자기 깨닫게 되는 신비주의적 체험을 통해서 그러한 영역에 도달할 수 있다고 한다. 그러나 그가 신비주의 자체를 신뢰한 것은 아니다. 신비주의는 그러한 갑작스런 경험이 일반적인 믿음보다 더 깊고, 진실하며, 더 통일된 세계, 즉 신과의 접촉으로 해석하기 때문이다. 그는 신비주의적 체험이 우리에게 가져다 주는 무한성은 신과 같은 새로운 대상을 지각하는 것이 아니라 동일한 대상을 보는 새로운 방식이라고 보아야 한다는 것이다. 즉, 뭔가 초월적인 대상을 인식하게 되는 것이 아니라 세상을 바라보는 방식이 달라졌다는 것이다. 러셀에게 있어서 새로운 대상에 대한 인식은 이성적인 근거가 확보될 때만이 의미 있는 것이기 때문에, 신비주의적 체험을 통한 신과의 접촉은 바람직한 설명이라고 볼 수 없다는 것이다.

결국 러셀은 자아의 삶으로부터 무한의 삶으로의 이행은 절대적인 자기포기(self-surrender)를 통해서 이루어질 수 있다고 한다. 자기포기는 "모든 개인적 의지가 끝나고 영혼이 우주에 대한 수동적 복종을 느끼는 것이다. 이러한 과정을 통해 관조적인 비전이 먼저 생겨나고, 그와 더불어 보편적 사랑과 보편적 숭배를 가져오게 된다. 보편적 숭배로부터 기쁨이, 보편적 사랑으로부터 새로운 욕구가 나오는데, 보편적 선을 추구하는

것이 탄생한다. 따라서 유한한 자아가 죽음처럼 보이는 자기포
기의 순간으로부터 새로운 삶이 시작된다."(앞의 글, 60)

이러한 러셀의 설명에는 그가 보기에 기독교의 가장 중요한
세 요소들이 포함되어 있다. 그것은 다름 아닌 사랑, 복종, 숭
배인데, 러셀은 자기포기를 통해 얻을 수 있는 이러한 덕목들
이 많은 사람들에게는 도그마화된 기독교에서의 신에 대한 믿
음을 통해 쉽게 이루어질 수 있다고 보는 것이다.

그러나 러셀은 그렇게 믿음에 의존하거나 신과 같은 나 이외
의 존재에 의존하는 것을 바람직하게 보지 않는 것이다. 다른
존재에 의존하지 않고 어렵겠지만 자기포기를 통해서 독립적
으로 복종과 사랑 그리고 순종을 느끼게 된다면 그것이야말로
믿음에 의지하는 종교보다 더 위대하고 종교적이라는 것이다.
즉, 러셀은 도그마에 의존하지 않는 개인적 차원의 종교의 중
요성을 강조하고 있는 것이다.

이처럼 러셀이 주장하는 탈도그마화된 종교가 오늘날 실질
적으로 얼마나 많은 사람들에게 호소력이 있을지는 의심스럽
다. 왜냐하면 러셀 스스로도 말하고 있듯이 그러한 종교는 전
통적인 의미의 종교라기보다는 일련의 윤리학의 체계에 더 가
깝기 때문이다. 가치상실의 시대에 초월적인 절대자에 의존하
지 말고 개인의 내면적 윤리에 귀 기울이라는 말은 그리 설득
적으로 들리지 않는다. 하지만 이성의 차원에서 신의 존재를
인정할 수 없었던 러셀로서는 종교의 영역을 확보하기 위해서
는 개인적 차원에서의 자기포기를 통해 무한성에 도달할 수 있
다는 설명이 불가피했을지도 모르겠다.

러셀 연보

러셀 연보

1872   5월 18일. 영국의 몬마우스셔에서 엠벌리 러셀 백작의 셋째 아이로 태어남.

1874   6월. 어머니 케이트 디프테리아로 사망.

1876   1월. 아버지 기관지염으로 사망.

1883   8월. 형 프랭크로부터 유클리드 기하학을 배우기 시작함.

1890   케임브리지 대학 입학. 수학을 전공함.

1891   수학 교수 화이트헤드에 의해 케임브리지 비밀결사조직인 사도들(the Apostles)에 가입함.

1892   고전학을 전공한 무어(G.E. Moore)와 친구가 됨.

1893   학부를 졸업하고 철학을 공부함.

1894   12월. 5년 연상의 미국인 알리스 스미스와 결혼.

1895   케임브리지 대학에서 6년 임기의 펠로로 선출됨.

1896   첫 저서인 《독일 사회민주주의》 출간.
          가을. 알리스와 처음으로 미국 방문.

1897　대학원 논문《기하학의 기초에 관한 연구》출간.

1898　조모 사망.

1900　여름. 화이트헤드와 파리의 국제철학자대회 참석. 이
　　　탈리아의 수학자 페아노를 만남.

　　　12월.《수학의 원리》탈고.

1901　봄. '러셀의 패러독스' 발견.

1903　《수학의 원리》출간.

1906　여성참정권협회에 가입.

1907　윔블던에서 여성참정권협회의 입장을 알리고자 하원
　　　보궐선거에 자유당 후보로 출마.

1909　《프린키피아》의 저술을 완료함.

1910　오토라인 모렐과 연인관계 시작.

1911　10월. 비트겐슈타인을 알게 됨.

1912　존경하던 작가 조지프 콘래드와 알게 됨.

　　　《철학의 문제들》출간.

1914　3월. 하버드 대학에서 강의하기 위해 미국에 감. 하버
　　　드에서 철학 교수직 제의받았으나 거절함.

　　　《외부세계에 대한 우리의 지식》출간.

1916　징집반대운동에 적극 참여.

1917　국가방위법 위반 혐의로 미국행 좌절. 트리니티 대학
　　　으로부터 강사직 박탈.

1918　5월. 반전 기고문이 문제가 되어 6개월 징역형.

　　　《신비주의와 논리》출간.

1919　여름. 도라 블랙과 사랑에 빠짐.

《수리철학입문》 출간.

1920 북경대학 방문교수로 도라 블랙과 함께 1년간 중국 체류.

1921 9월. 알리스와 이혼. 도라 블랙과 재혼.

11월. 첫째 아들 존 콘래드 탄생.

《정신의 분석》 출간.

1923 딸 캐서린 탄생.

1927 아내 도라와 비컨 힐 스쿨 설립.

《물질의 분석》 출간.

1929 《결혼과 도덕》 출간.

1930 《행복의 정복》 출간.

파트리시아 스펜스와 사랑에 빠짐.

1931 형으로부터 작위 계승. 러셀 백작 3세가 됨.

1935 《종교와 과학》 출간.

1936 파트리시아와 재혼.

1937 막내 아들 콘래드 탄생.

1938 시카고 대학 교수직 제의로 미국으로 이주.

1939 UCLA 교수가 됨.

1940 뉴욕 시립대학 교수직 제의를 수락했으나 도덕성과 관련한 스캔들로 임용 취소.

가을. 하버드 대학에서 윌리엄 제임스 강연.

1941 1월. 반스 재단에서 강의 시작.

1942 12월. 반스 재단에서 해고됨.

1943 8월. 반스와의 소송에서 승소.

1944 케임브리지 대학에서 5년간 펠로십을 받아 영국으로

돌아감.

1945　《서양철학사》 출간.

1949　파트리시아와 별거에 들어감.

　　　메리트 훈장을 받음.

1950　노벨 문학상을 받음.

1951　마지막으로 미국 강연 여행을 함.

1952　12월. 미국인 에디스 핀치와 네 번째 결혼.

1961　반핵 시민불복종운동으로 투옥됨.

1963　버트런드 러셀 평화재단 설립.

1970　2월. 세상을 떠남.

참고문헌

참고문헌

1. 러셀의 저작

Russell, Bertrand (1903). "A Free Man's Worship," in *Why I Am Not a Christian and Other Essays on Religion and Related Subjects*. London: George Allen & Unwin, 1957.

_____ (1908~1910). "The Elements of Ethics," in *Bertrand Russell on Ethics, Sex, and Marriage*, edited by Al Seckel. Buffalo, NY: Prometheus Books, 1987.

_____ (1912). *The Problems of Philosophy*. Oxford: Oxford University Press, 1959;《철학의 문제들》, 박영태 옮김. 이학사, 2000.

_____ (1912). "The Essence of Religion," in *Russell on Religion*, edited by Louis Greenspan and Stefan Andersson. London: Routledge, 1999.

Russell, Bertrand (1913). *Theory of Knowledge: The 1913 Manuscript — The Collected Papers of Bertrand Russell,* Vol. 7. London: George Allen & Unwin, 1984.

_____ (1914). "On Scientific Method in Philosophy," in *Mysticism and Logic and Other Essays.* London: George Allen & Unwin, 1917.

_____ (1914). "On the Nature of Acquaintance," in *Logic and Knowledge,* edited by Robert C. Marsh. London: George Allen & Unwin, 1956.

_____ (1914). *Our Knowledge of the External World.* Chicago: The Open Court.

_____ (1917). *Mysticism and Logic and Other Essasys.* London: George Allen & Unwin.

_____ (1917). "The Relation of Sense-Data to Physics," in *Mysticism and Logic and Other Essays.* London: George Allen & Unwin, 1917.

_____ (1918). "The Philosophy of Logical Atomism," in *The Philosophy of Logical Atomism.* La Salle, Ill.: Open Court, 1985.

_____ (1919). *Introduction to Mathematical Philosophy,* 2nd ed. London: George Allen & Unwin;《수리철학의 기초》, 임정대 옮김. 경문사, 2002.

_____ (1924). "Logical Atomism," in Ayer ed. *Logical Posi-*

tivism. New York: Free Press, 1959.

Russell, Bertrand (1927). "Why I Am Not a Christian," in *Why I Am Not a Christian and Other Essays on Religion and Related Subjects*. London: George Allen & Unwin, 1957.

_____ (1927). *An Outline of Philosophy*. London: George Allen & Unwin.

_____ (1930). "Has Religion Made Useful Contributions to Civilization?," in *Why I Am Not a Christian and Other Essays on Religion and Related Subjects*. London: George Allen & Unwin, 1957.

_____ (1935). *Religion and Science*. Oxford: Oxford University Press, 1961;《종교와 과학》, 김성호 옮김. 신천지, 1991.

_____ (1953). "What Is an Agnostic?," in *Russell on Religion*, edited by Louis Greenspan and Stefan Andersson. London: Routledge, 1999.

_____ (1954). "*Human Society in Ethics and Politics*," in *Russell on Ethics*, edited by Charles Pigden. London: Routledge, 1999.

_____ (1957). *Why I Am Not a Christian and Other Essays on Religion and Related Subjects*. London: George Allen & Unwin.

_____ (1959). *My Philosophical Development*. London: George

Allen & Unwin.

Russell, Bertrand (1963). *Mysticism and Logic and Other Essays*. London: George Allen & Unwin.

_____ (1965). *Portraits from Memory*. London: George Allen and Unwin.

_____ (1967~1969). *Autobiography*. London: George Allen & Unwin;《러셀자서전》, 송은경 옮김. 사회평론, 2005.

2. 2차 문헌

Ayer, A.J. (1972). *Russell*. London: Fontana-Collins;《러셀》, 신일철 옮김. 이화여자대학교출판부, 1982.

_____ (1936). *Language, Truth and Logic*. New York: Dover.

_____, ed. (1959). *Logical Positivism*. New York: Free Press.

Egner, Robert E. and Lester E. Denonn, eds.(1961). *The Basic Writings of Bertrand Russell*. London: Routledge.

Grayling, A.C. (1996). *Bertrand Russell*. Oxford: Oxford University Press;《러셀》, 우정규 옮김. 시공사, 2000.

Greenspan, Louis and Stefan Andersson, eds. (1999). *Russell on Religion*. London: Routledge.

Griffin, Nicholas, ed. (2003). *The Cambridge Companion to Bertrand Russell*. Cambridge: Cambridge University Press.

_____, ed. (1992). *The Selected Letters of Bertrand Russell*,

Vol. 1. New York: Houghton Mifflin.

Monk, Ray (1996). *Bertrand Russell: The Spirit of Solitude*. London: J. Cape.

_____ (2000). *Bertrand Russell 1921~1970: The Ghost of Madness*. London: J. Cape.

_____ (1999). *Russell*. New York: Routledge.

Pears, David (1967). *Bertrand Russell and the British Tradition in Philosophy*. London: Collins.

Pigden, Charles, ed. (1999). *Russell on Ethics*. London: Routledge.

_____ (2003). "Bertrand Russell: Moral Philosopher or Unphilosophical Moralist?," in Nicholas Griffin, ed. *The Cambridge Companion to Bertrand Russell*. Cambridge: Cambridge University Press.

Ryan, Alan (1988). *Bertrand Russell: A Political Life*. Oxford: Oxford University Press.

Schilpp, P.A.(1944). *The Philosophy of Bertrand Russell*. Chicago: Northwestern University Press.

Seckel, Al ed.(1987). *Bertrand Russell on Ethics, Sex, and Marriage*. Bufallo, NY: Prometheus Books.

Slaster, John (1994). *Bertrand Russell*. Bristol: Thoemmes.

Stevenson, C.L.(1959). "The Emotive Meaning of Ethical Terms," in A.J. Ayer, ed. *Logical Positivism*. New York: Free Press.